Dr.Joe
教你運動醫痛症

汪家智 (Dr.Joe) 著

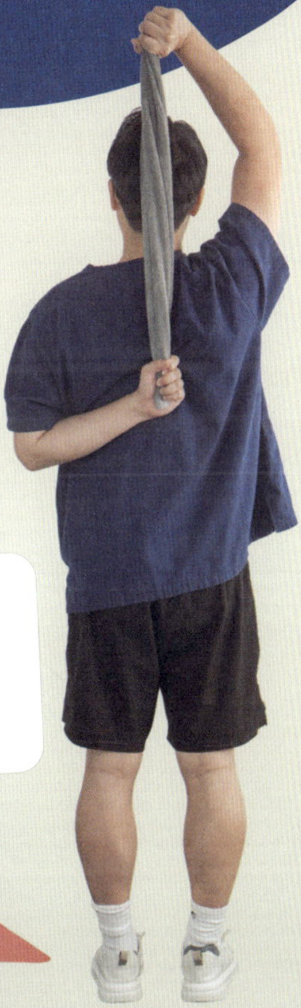

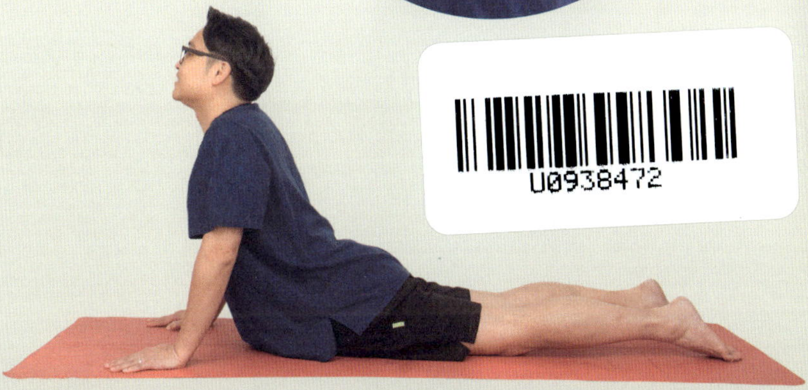

萬里機構

FOREWORD

親愛的讀者，

當我決定將這本書呈現給大家時，心中充滿了期待和感激。作為一位脊醫，我深知運動對身體健康的重要性，尤其是對於我們的長者朋友。多年來每天面對重複的痛症治療，讓我萌生從源頭去幫助病人的想法，因而開設了 YouTube 頻道。這本書的誕生，源於我在網上與觀眾分享運動的過程中，收到的各種反饋和鼓勵。

隨着年齡增長，身體的靈活性和力量逐漸減退，這是自然的過程。然而我相信，透過簡單而有效的運動，我們可以延緩這個過程，改善生活品質。在這幾年間，許多觀眾告訴我，他們通過我的短片，感受到疼痛能緩解，甚至在持之以恆的運動後，體能變得更加強壯。這些感人的回饋讓我心中充滿感恩，並堅定了我繼續推廣運動的信念。

本書精選了超過 30 個適合長者的運動，並附上詳細的文字說明和圖片，旨在使大家能更方便地參與鍛煉，無需依賴短片。我希望這本書能成為您日常生活中的夥伴，幫助您養成每天運動的習慣，讓運動不再是負擔，而是像陽光與空氣一樣理所當然。

另外，非常感謝每一位願意跟隨我運動的朋友，尤其是跟我一起把運動推廣出去的朋友，您們的支持和積極參與是我最大的動力。有您們，我才更加堅信運動的力量。無論是舒緩疼痛、增強體力，還是提升情緒，運動都能帶來顯著的改變。因此，我希望透過這本書，讓更多長者朋友能夠接觸到這些簡單而有效的運動，從中獲得健康和活力。

同時，我也鼓勵大家在日常生活中，無論多忙碌，都要抽時間去關心自己的身體，讓運動成為我們生活的一部分！這不僅是對自身健康的承諾，也是對生活品質的追求。讓我們一起攜手，迎接更健康的未來！

祝您身體健康！

汪家智 (Dr. Joe)

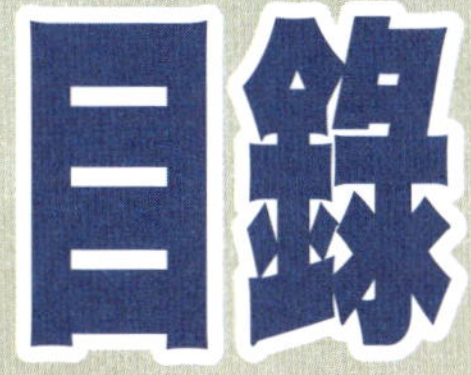

CONTENTS

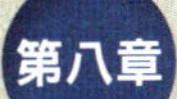

腰及頸椎間盤突出

膝關節痛

Chapter 1

第一章

脊骨神經科是甚麼？

脊骨神經科的簡介

「脊骨神經科」(Chiropractic) 在香港並不是西醫體系的其中一個專科，而是一個獨立於傳統西醫的醫療體系，專門以手法及科學療法，治療、預防及診斷神經及肌肉骨架系統。修讀這專業並獲香港特區政府認可其專業資格的，稱為「註冊脊醫」。

脊骨神經科的機制就是回復關節、肌肉的正常活動能力，促進人體平衡。脊醫常處理的痛症有頸肩痛症、臂痛、腰背痛、膝蓋及足踝痛及坐骨神經痛等，此外，脊醫亦會處理由懷孕和分娩後所引致的痛症，以及由運動創傷、交通意外、職業性引發的肌肉及骨骼毛病等。

香港的脊醫發展其實早在 1967 年已經開始。當時只有三位脊醫回流香港，為當時駐港的外國人做脊骨神經科治療。之後亦有一些本地香港人慢慢開始接受這一科新的治療方法。在 1993 年香港立法局（現名為立法會）通過《脊醫註冊條例》第 428 章，並於 1994 年成立了脊醫管理局來制定專業守則，為合資格的人士註冊為註冊脊醫。這是一個對市民的信心及安全保證。

脊醫不是西醫，不使用西藥或動手術等方法來為病人解決痛症問題，而是主要**使用「手法矯正」(Adjustment) 來為病人治療。**

大部分痛症源頭，都是因為脊骨關節移位壓住神經線而產生發炎及痛楚。大腦是經由神經線傳遞信息到身體各部分，如：骨骼、皮膚、內臟器官等。當神經線受壓時，大腦所傳遞出來的信息就會被阻礙甚至中斷，因而影響身體的器官運作變得遲鈍。如受壓情況嚴重，骨骼會出現各種痛症，皮膚會有針刺或麻痺感覺，內臟也可能出現機能性變化，如：胃痛、心跳加快、呼吸不順、尿頻、便秘等。

脊醫很多時會先為病人找出脊骨移位的位置，才能全面地醫治痛症。脊醫對移位的脊骨所用的矯正手法，形式就好像牙科矯形醫生為病人做牙齒整形一樣，都是需要一段時間為移位的脊骨關節復位，並不能只做一、兩次就可治療成功。不過，有很多病人在完成第一次治療後，痛症問題都會有所改善。

但大家也得明白，大部分痛症都是日積月累的勞損，造成退化問題產生。而每個錯位的關節都會有慣性的舊記憶，因此，在接受脊骨神經科治療的過程，是需要重複一段時間做矯正來洗去舊有記憶，讓骨骼重新建立正確的關節位置。現在很多脊醫診所也駐入了不同的物理治療儀器，如：超聲波、干擾法、磁療床、衝擊波等，因應各病人所需來配合脊骨矯正，讓病人得到最快而又最佳的治療效果。

第二章

Chapter 2

認識我們的脊骨及神經線分布

脊骨的

五大部分

我們的脊骨，是身體重要結構之一，由 33 塊脊椎骨組成，從頭骨下方延伸至尾骨。脊骨有兩個主要特點：非常堅固，負荷着身體大部分的重量；具有彈性，可以讓身體大幅度伸展及活動。

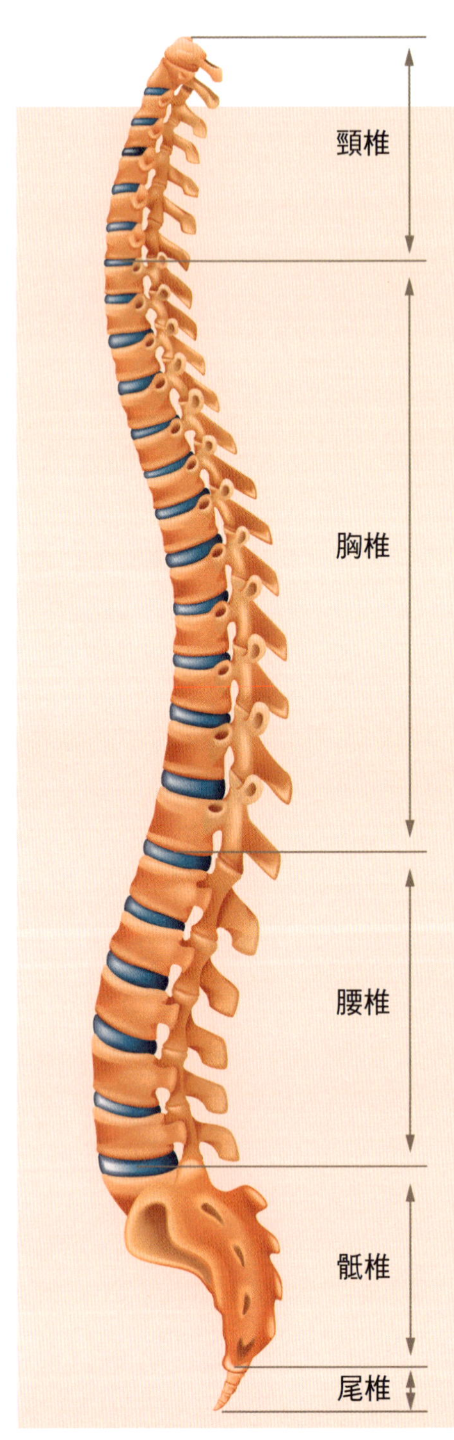

脊骨結構

33 節的脊骨，可分為 5 部分：

頸椎

頭部下方開始的 7 節

活動性是 5 部分之中最大的，我們低頭或左右旋轉頭部的動作，都是在頸椎的 7 節之中發生。也有人形容頸椎是整條脊骨之中最重要的一部分，因為頸椎的活動角度是整條脊骨中最大，而且它位於我們的頭顱骨與其他脊骨部分之間，腦部所有訊息都必須經過頸椎然後傳達到身體每一部分，可說是身體和腦部交換訊息的必經通道。

胸椎

頸椎以下的 12 節

主要功能是連結肋骨，以保護心、肺等器官。

腰椎

胸椎以下的 5 節

已屬於下背部位，需要承托上半身的重量，因此受力比頸椎和胸椎更大，亦因這個緣故，臨床所見腰椎痛症的發生率也是脊骨 5 部分之中最高的，但近年由於「低頭族」使用手機或平板的習慣，頸椎痛症也明顯增加及年輕化。

骶椎及尾椎

脊骨的最後 9 節

這兩部分比較沒有功能性，除了創傷之外也較少發生痛症。

頸椎、胸椎、腰椎的活動量和受力均大，為了避免每兩節之間碰撞磨損，人體天生的設計是由一塊塊的椎間盤分隔每兩節脊骨。椎間盤的作用就像避震器，我們一般會形容椎間盤是一塊軟骨，事實上它的結構並非那麼簡單，而是由三部分組成：

1. 軟骨板（Endplates）
2. 纖維環（Annulus）
3. 髓核（Nucleus）

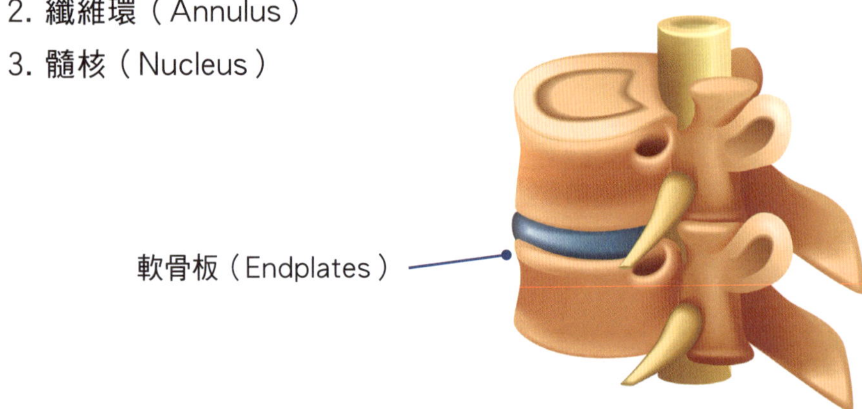

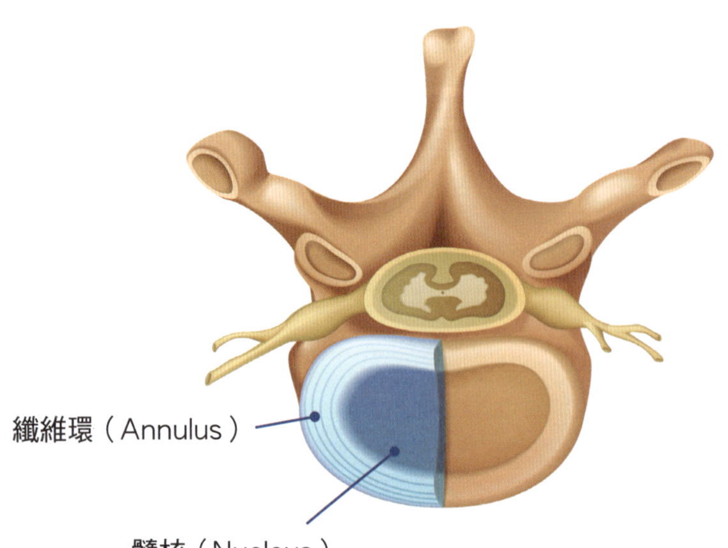

髓核是椎間盤中最重要的部分，它的四周是纖維環，上下方更由軟骨板緊緊包裹。而髓核本身是一種富有彈性的膠狀物質，成分大部分為水分，可隨外界壓力而改變形狀，達至吸震和減壓的作用。但要注意，髓核的含水量會隨年齡的增長而減少，令吸震能力下降，加上現代人日常很多不良姿勢，有機會引致椎間盤突出，形成各種痛症。

另外，脊骨也是人體神經線密集的部位。脊骨每節其實都是中空的，中空的通道稱為「椎管」，椎管裡面就是脊髓——人體最重要的中樞神經系統。而每節脊骨之間都有一道縫隙，稱為「椎間孔」，神經組織就是從椎間孔中穿出，稱為「神經根」。

簡單來說，**脊骨就是大腦傳輸訊號到人體各部位的控制室及發射站，因此若頸椎、胸椎、腰椎任何一節出問題，都有機會衍生痛症、麻痺、失眠，甚至其他慢性病症。**例如胸椎的神經線會匯聚到肋骨，當胸椎出現錯位甚至椎間盤突出，便會令神經線受壓，引發肋骨神經反射痛症，出現胸口悶痛、呼吸不順或突然胸部抽痛等症狀。

由於神經線是控制肌肉的中央系統，**當脊椎出現錯位壓着神經線時，便會造成肌肉緊張僵硬，並加劇錯位關節勞損、退化的程度**。而脊醫的治療大致來說會針對脊骨錯位、壓着神經線所引發的功能性失調進行，透過治療讓脊椎回到正常位置不再壓着神經線，各種症狀即可解除。但有兩點必須注意：治療必須在脊骨出現錯位後盡早開始，才有較大機會完全復元；除了治療也要配合適當的運動，才可徹底消除痛症。

Chapter 3

第三章

運動真的可以醫痛症嗎？

個案分享

CASE STUDY

脊醫治療主要是用手法，配合各種現代輔助工具，但其中一個不可缺少的部分就是運動。運動真的可以醫痛症嗎？先分享以下個案：

李小姐是一位文員，需要長期坐下對着電腦做文書工作。跟大部分文職人員一樣，她很少運動，每日久坐最少 4 小時或以上。日積月累，開始有腳麻痺及腰痛發生。起初只是一般腰痠背痛，使用止痛貼及按摩便可。但慢慢開始有腳麻痺情況。幸好，李小姐有一同事也曾遇過這種情況，於是便介紹李小姐去看脊醫做初步檢查。

脊醫首先為李小姐做脊骨及姿勢評估，並發現她有寒背。寒背可以影響整條脊骨的結構，導致腰椎及盆骨移位。因此神經線便會受壓，因而產生各種痛症，而李小姐就患上坐骨神經痛症。起初只是腰痠痛，慢慢伸展到腳及出現麻痺情況。如再拖延醫治時間，便可能令麻痺問題更嚴重，甚至出現腳無力、肌肉萎縮等。

由這個案可以看到，治療脊椎痛症是可以不需服用藥物或做手術，最重要是找出脊骨痛症原因、脊骨病源位置及評估嚴重程度。一般脊椎痛症治療是可以使用脊醫手法矯正來醫治。在行醫多年中發現大約有兩至三成痊癒的病人，會有復發情況出現，原因是沒有繼續做伸展運動，忽略自己日常姿勢，又沒有定期做保健脊椎治療。

另一種更能反映運動治療功效的情況，是慢性痛症。慢性痛症是指身上持續或間歇出現至少 3 個月的疼痛，有研究指出，近 20 年來，香港成年人患慢性痛症的比率由 10% 上升至接近 30%，即差不多每三個成年人就有一個有慢性痛症！

有慢性痛症的人，很多時為了避免再次受傷而選擇減少活動，但這樣反而會令受傷部位的肌肉逐漸變弱，更容易再次受傷；此外，長久少活動亦會減低關節的活動能力，反而加劇痛症。有些人為了應付慢性痛症，只好長期服食止痛藥，但止痛藥久服會逐漸失效，若服食的是「非類固醇消炎止痛藥」，長服更會傷腎。

而運動就是治療慢性痛症最有效的非藥物療法。**運動可恢復及增強肌肉的力量以及關節的柔韌度**，有助保持或改善身體姿勢。另外，每天有足夠的體能活動，亦可減輕疲勞和炎症，以及降低對疼痛的敏感度。還有，**運動有助釋放阻礙疼痛訊號傳遞至大腦的化學物質，減輕疼痛的感覺**。不同的研究亦證實運動可以減輕抑鬱和焦慮，進而改善因慢性痛症引起的情緒問題。

所以，運動對減輕痛症的功效是毋庸置疑的，但當然運動也不可過強或過量，否則過猶不及，可能令痛症惡化。那麼，該選擇哪些運動，每日又該做多少時間呢？

這兩個問題都需要視不同患者的情況而定，所以最好諮詢專業人士。但有兩個大原則不妨參考：

1. 雖然帶氧運動和肌力強化運動已證實能有效減輕或控制疼痛，但未必適合所有慢性痛症患者，我的經驗是不論是如何輕鬆的運動，只要針對準確的部位和痛症成因，對減輕痛症都會有幫助。因此，從下一章開始，本書內示範的運動都以伸展運動為主。

2. 一般的運動指引建議，成人應進行每週至少 5 天、每天進行至少 30 分鐘的帶氧運動，但慢性痛症患者不一定要按這指引運動，最重要是經專業人士評估，制訂適合自己的運動量，例如對部分患者來說，每週兩至三次的適量運動已可有效減輕疼痛。因此，患者可按個人需要及痛症情況，在一般建議上進行適當的調節。

Chapter 4

坐骨神經痛

第四章

成因及病徵

坐骨神經痛

都市人大都聽過「坐骨神經痛」，但到底「坐骨」是哪一塊呢？其實，坐骨（Ischium）是構成四肢動物骨盆帶的骨骼之一，在很多動物身上都有。至於在人類身上，坐骨是位於骨盆下方，共有兩塊，骨質屬於較為堅硬。

而坐骨神經（Sciatic Nerve）則來自腰椎與骶骨（尾龍骨），沿大腿後分支為脛骨神經和腓骨總神經，掌控小腿的肌肉群。坐骨神經是人體最長的神經之一，從腰部延伸至下肢，而坐骨神經痛更是都市人常見的痛症之一。當坐骨神經受到損傷或受壓迫時，患者可能會感受到從腰部延伸到腿部的劇烈疼痛。

但要注意，**坐骨神經痛也有真假之分**，疑似坐骨神經痛的症狀多是由軟組織發炎引起，患者疼痛位不固定，而且當肌肉得到放鬆後，疼痛便會減輕，而且不會出現麻木感。真正的坐骨神經痛，多是因腰椎與骶椎之間的神經受到結構性損傷或壓迫，如椎間盤突出或骨關節炎，而導致疼痛。疼痛感會沿著神經線，即腰間位置延伸至到下肢，如小腿或腳掌部位。若病情惡化，更會出現麻木感，影響腳趾的活動能力，導致無法正常走路，患者應及早尋求專業治療。

坐骨神經痛的成因眾多，主要原因包括：

1 椎間盤突出

椎間盤的作用是吸收以及緩衝來自身體的重量與壓力，若椎間盤突出，便會直接壓迫到坐骨神經，引起坐骨神經痛。

2 椎骨移位

若椎骨移位（特別是腰椎），有機會壓迫到坐骨神經，引起坐骨神經痛。

3 骨關節炎

骨骼關節發炎會刺激神經及引致腫脹，繼而壓迫腰椎與骶椎之間的神經，導致疼痛出現。

4 其他成因

髖關節骨折、感染等併發症、腫瘤、肌肉嵌入神經或椎管狹窄症等，都有機會對坐骨神經造成壓迫，繼而引起坐骨神經痛。

5 坐骨神經痛的風險因素

年長，脊骨因長期活動而磨損，甚至有椎間盤突出問題；體重過高，無形中增加脊骨的負擔，長期體重過高便會增加坐骨神經痛風險；經常以不正確姿勢搬運重物，容易對脊骨造成損傷，增加患上坐骨神經痛的風險；若腰部曾受傷，又沒有接受適當治療，可能會令腰椎傷勢惡化，造成坐骨神經痛。

病徵方面，最常見的是腰部疼痛，疼痛感可從臀部延伸至腳掌，但其實病源是在坐骨神經而不是在腳掌。此外亦可能伴有刺痛、麻木和肌肉無力感，一般在走路或久坐後，疼痛會加劇。而每當抬腿時疼痛感會更嚴重，也更容易誘發腳底麻痺的感覺。嚴重時有機會影響活動能力，導致無法正常走路。

治療方法

坐骨神經痛

有次為一個志願組織的基層新移民人士做義診服務，我和一班脊醫及推拿師義工團用了 3.5 小時，接見了大約 150 名痛症人士。當中大部分也是坐骨神經痛及腳痛。因為他們大都是從事勞動工作，包括酒樓、搬運、地盤等，常常受到勞損。

他們告訴義工，起初只是一般腰痛，有一點痠痠的感覺。但慢慢地伸展到腳，走路時腳會有一點拉着，只可以走一、兩分鐘便要坐下休息。有一些發病時，腳會感覺麻痺無力，但因為收入問題，他們不能放假休息，只好服用止痛藥或看看跌打醫師來止一止痛。

我們為一位坐骨神經痛的患者做了腰椎矯正。為腰肌肉做推拿按摩，還教授一些伸展運動來減輕病情。做完後，他感覺腰的壓力少了，走路也可以舒服點。但因為問題比較長時間，所以不能一次便可治療好。但我相信如果繼續做治療，情況一定有好轉。

因此，對於一般患腰痛人士，建議他們最好要照一次 X 光來看看腰椎第 4、5 節（L4,L5）有沒有退化或移位。如果有就一定要及早治療，免得後患無窮。若 X 光結果顯示情況不算太嚴重，也可嘗試以先冷敷、後熱敷的方法來紓緩坐骨神經痛，簡單做法如下：

1 於受傷後 48 至 72 小時內，在疼痛部位進行冰敷，每天冰敷

數次，每次 15 至 30 分鐘，降低患處的溫度，減慢局部血液循環，減輕充血情況，幫助消炎和止痛。（若使用冰墊，可用毛巾包裹再敷上患處，以免凍傷皮膚）

2 經過兩天冰敷後，可於同一部位進行熱敷，促進血液循環，令皮下血管擴張，有助紓緩肌肉痠痛和繃緊，並可加快患處組織的修復。

至於脊醫治療坐骨神經痛，是採用非手術療法，方法很多，包括**以手法矯正脊椎，等於「源頭減痛」**。此外還有物理治療、衝擊波、電療、激光、超聲波、震動治療、脊椎 3D 牽引等輔助方法，以及本書的主題——運動治療。

舉個例子，治療一個坐骨神經痛個案可能有以下四個步驟：

1 消炎——透過干擾電流治療促進血液流動，幫助放鬆肌肉及緩解疼痛。此外也可以超聲波治療及冰敷紓緩炎症。

2 在患處進行脊骨牽引治療，以減輕神經源的壓力，並進行脊骨矯正以改善不正常的關節機理，同時幫助關節恢復。

3 進行姿態評估，並教授如何正確運用肌肉的方法。例如**透過運動強化腰部的腹橫肌**，以鞏固腰部結構，減低復發的機會。

4 為病人建議進行全面和**長遠的運動治療**。例如，坐骨神經痛的其中一個共通點是臀部肌肉過緊，走路時會感到疼痛，因此每天要定時伸展腿肌肉，不要久坐，每次坐下及走路最好不超過半小時。一些對坐骨神經痛有幫助的運動例如游泳，可讓身體放鬆，也可以伸展腿肌。而平日應避免向前彎腰，因為向前彎腰會加大腰椎間盤壓力，令腰椎問題惡化。

舒緩運動 1

針對坐骨神經痛

二郎腿運動

這個運動主要是伸展梨狀肌及大腿外側肌肉，預防過緊令到坐骨神經線受到壓迫。

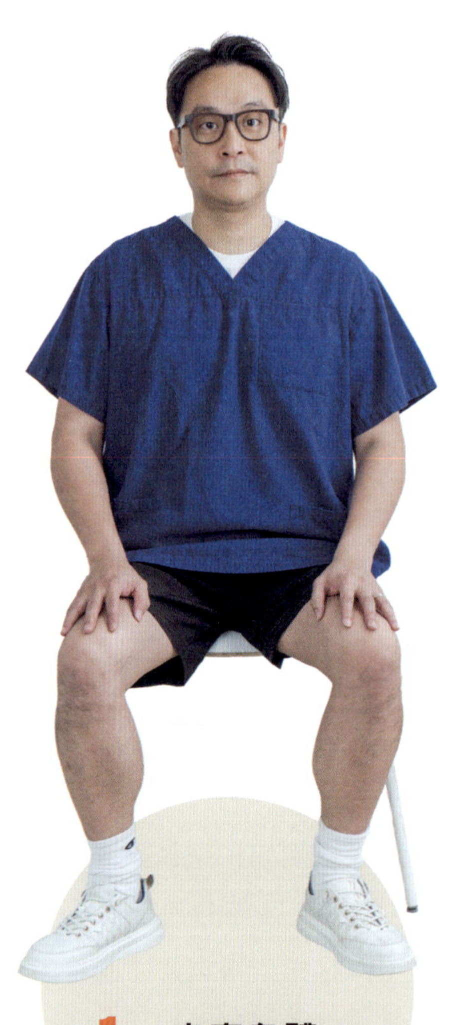

1. 坐直身體，腳要踩地。

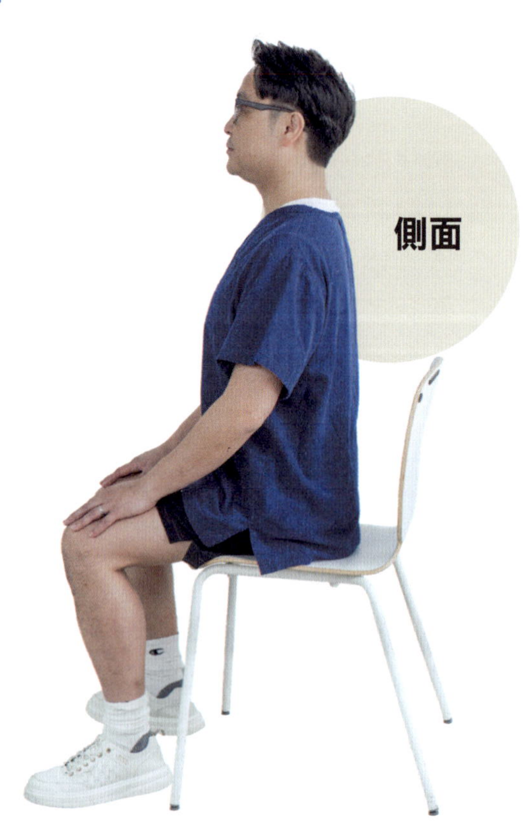

側面

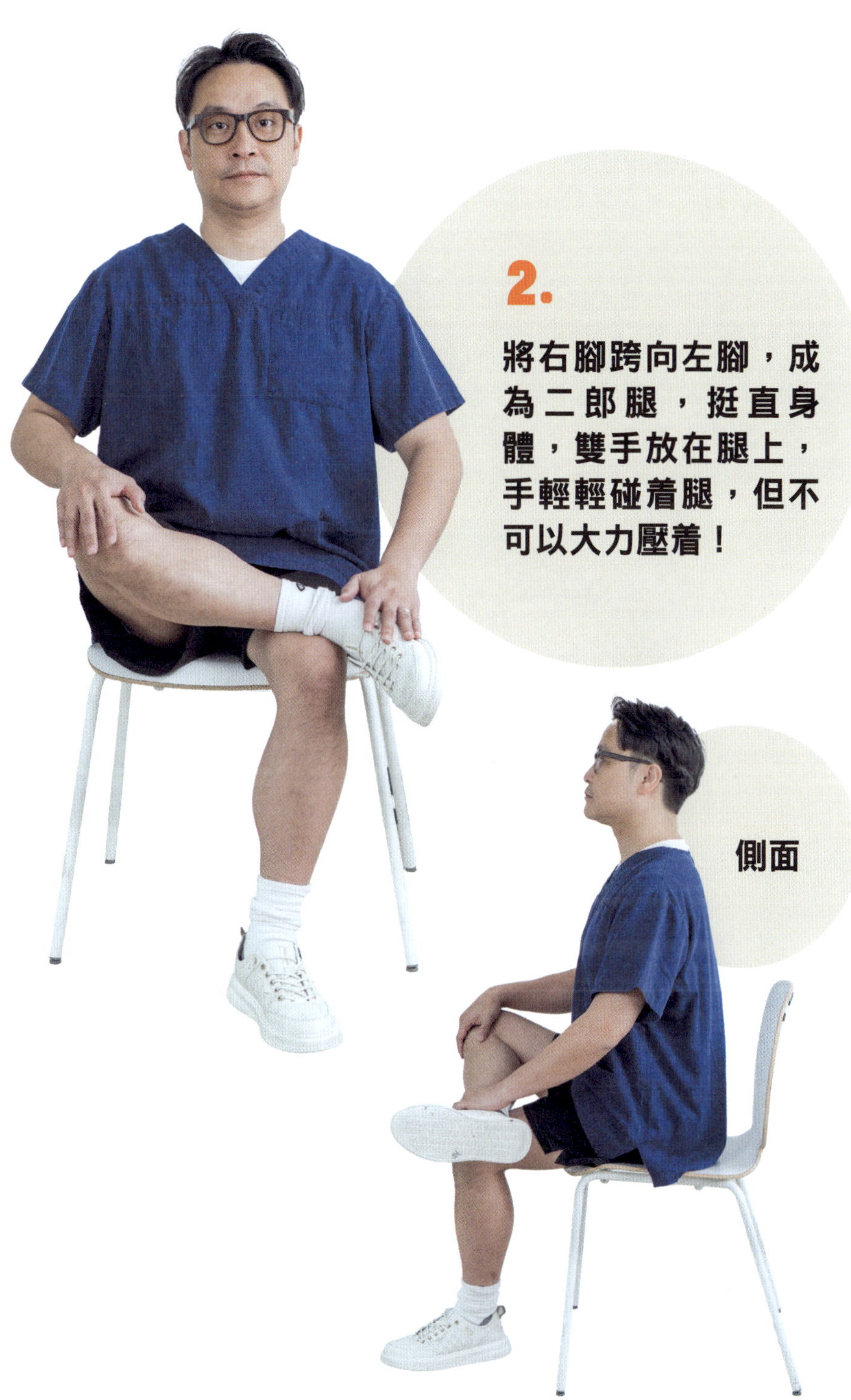

2.

將右腳跨向左腳，成為二郎腿，挺直身體，雙手放在腿上，手輕輕碰着腿，但不可以大力壓着！

側面

3.

抬起頭，
慢慢向前傾，
維持十秒。

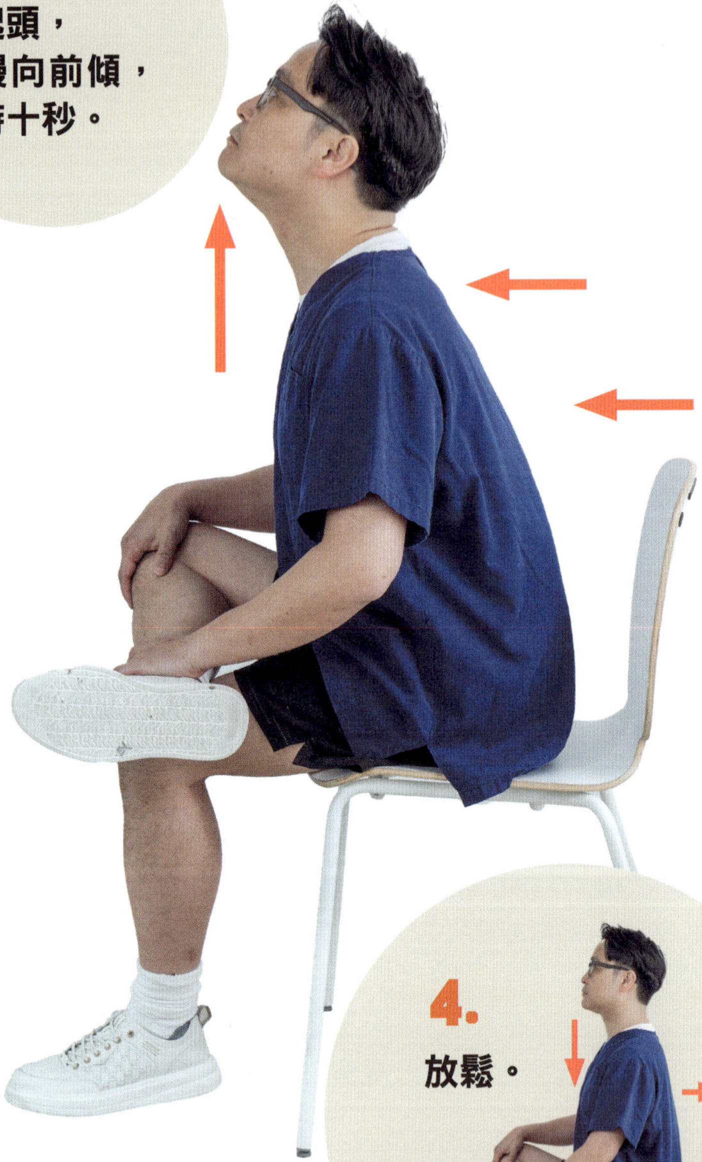

4.

放鬆。

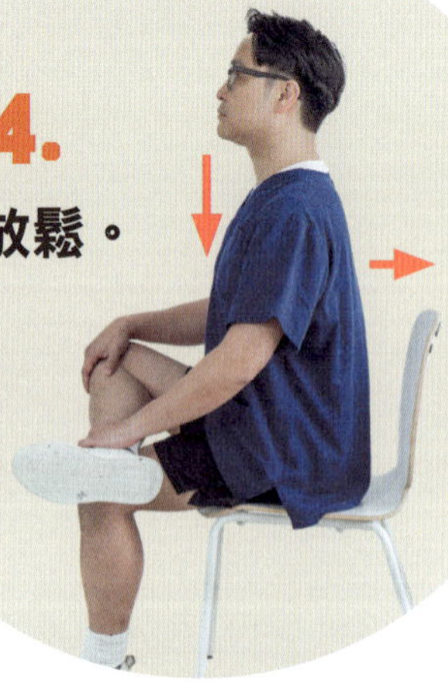

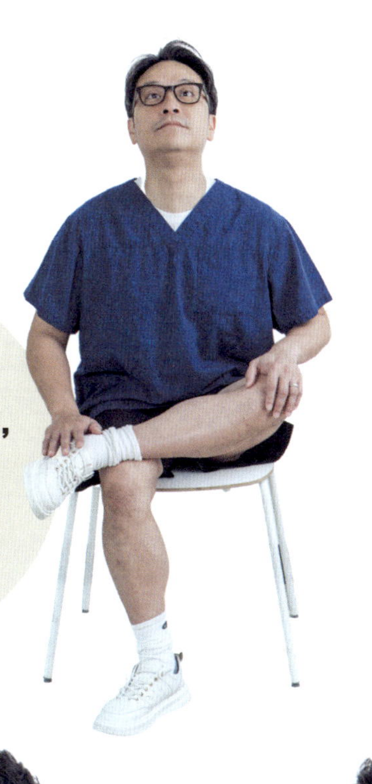

5.

換另外一隻腳，
做法相同。

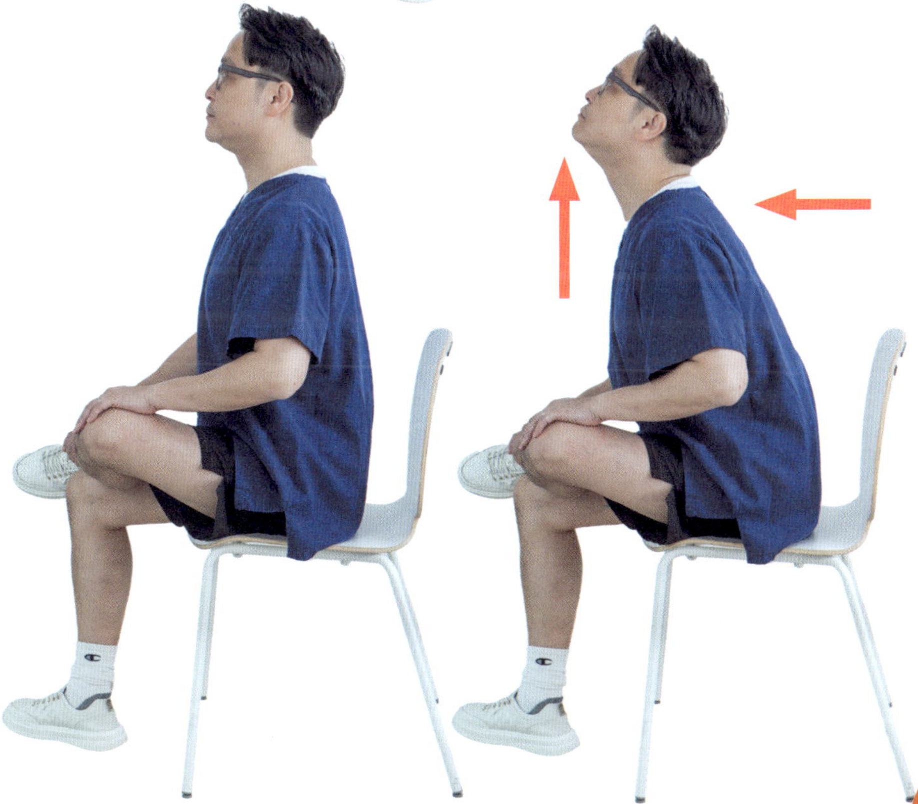

兩隻腳可以重複各做三次

舒緩運動 2

針對坐骨神經痛

兩方位橡筋帶伸展大腿

這是一種神經線伸展（Nerve Flossing）運動，主要來伸展坐骨神經線。每天早晚做這個運動，就可以減少神經線受壓迫而出現的麻痺及痛症。

側面

1.

拿起橡筋帶，放在腳橋位置，腳保持伸直。

注意：
整套動作伸展期間，腳必須伸直。

2.

橡筋帶放在左腳橋位置，將左腳提起，向上，停留數十下。

3.

將腳移向右側至時針一點的位置，停留數十下。回原位放鬆。

以兩個方向重複以上動作，做三組，一天可以做三次

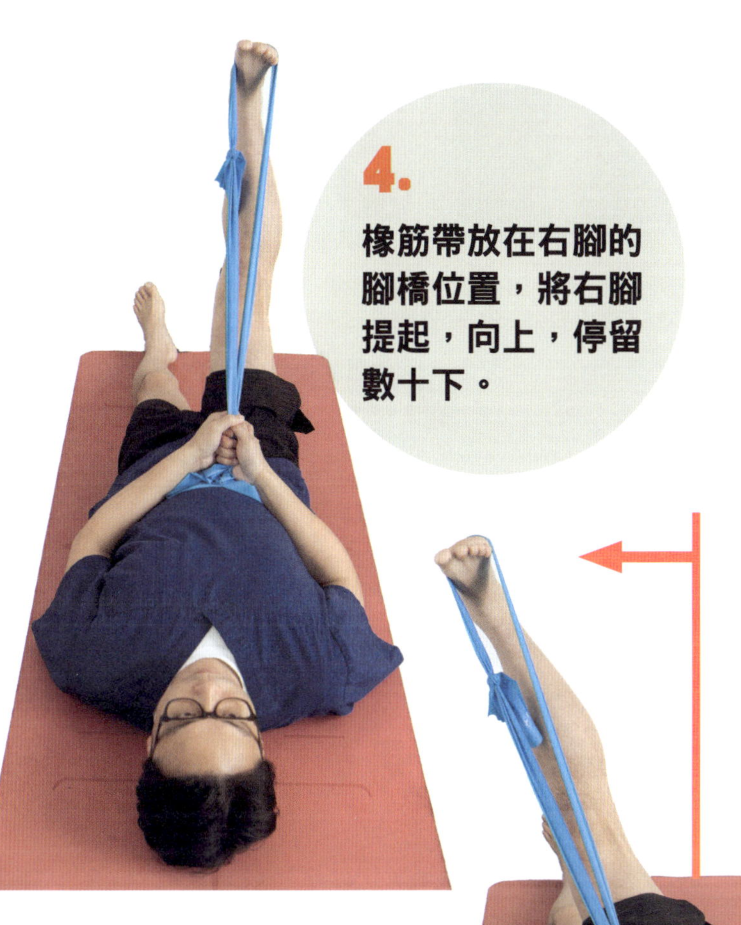

4.

橡筋帶放在右腳的腳橋位置，將右腳提起，向上，停留數十下。

5.

將右腳向左側伸展至時針十一點的位置，停留數十下。
回原位放鬆。

舒緩運動 3

針對坐骨神經痛

躺着伸展梨狀肌

這個運動主要用來紓緩梨狀肌及臀部肌肉，特別對早上起床時臀部及腿部痛很有幫助！

側面

1.

雙手抱起左腿或左膝蓋。
將膝蓋拉向胸口位置，停留數十下。
放鬆。

2.

將左腿向右內側伸展，停留數十下。
放鬆。

3.

雙手抱起右腿或右膝蓋。
將膝蓋拉向胸口位置，停留數十下。
放鬆。

4.

將右腿向左內側伸展，停留數十下。放鬆。

以上兩個方向重複以上動作，做三組，一天可以做三次

舒緩運動 4

針對坐骨神經痛

站着向後屈曲

這個運動可以幫助減少椎間盤突出所產生的痛楚，令到椎間盤裏面的髓核可以收縮，減少神經線受壓迫。

1.

將雙手放在盆骨上，大拇指要碰着豎脊肌近脊骨的位置。

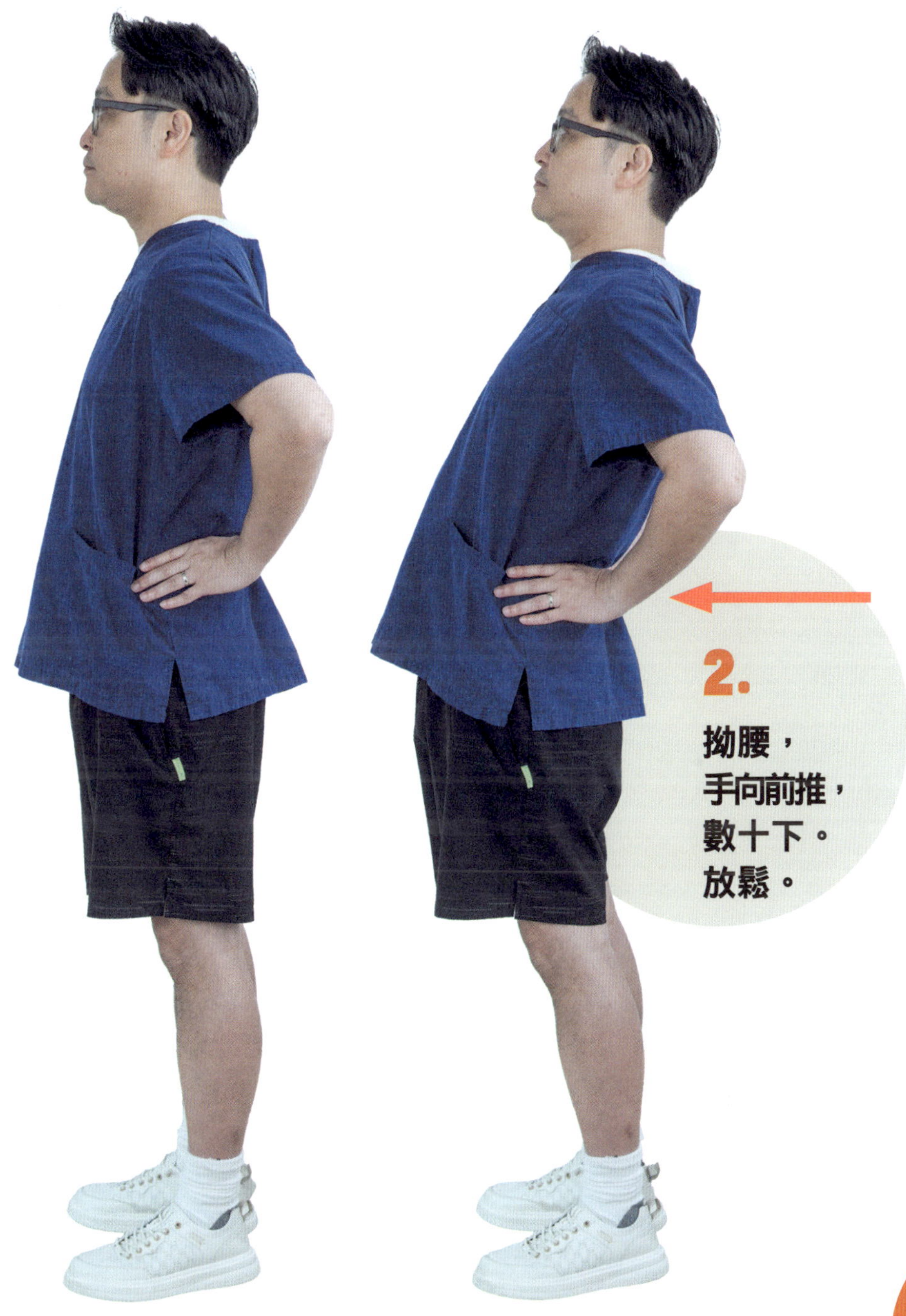
2.
拗腰，
手向前推，
數十下。
放鬆。

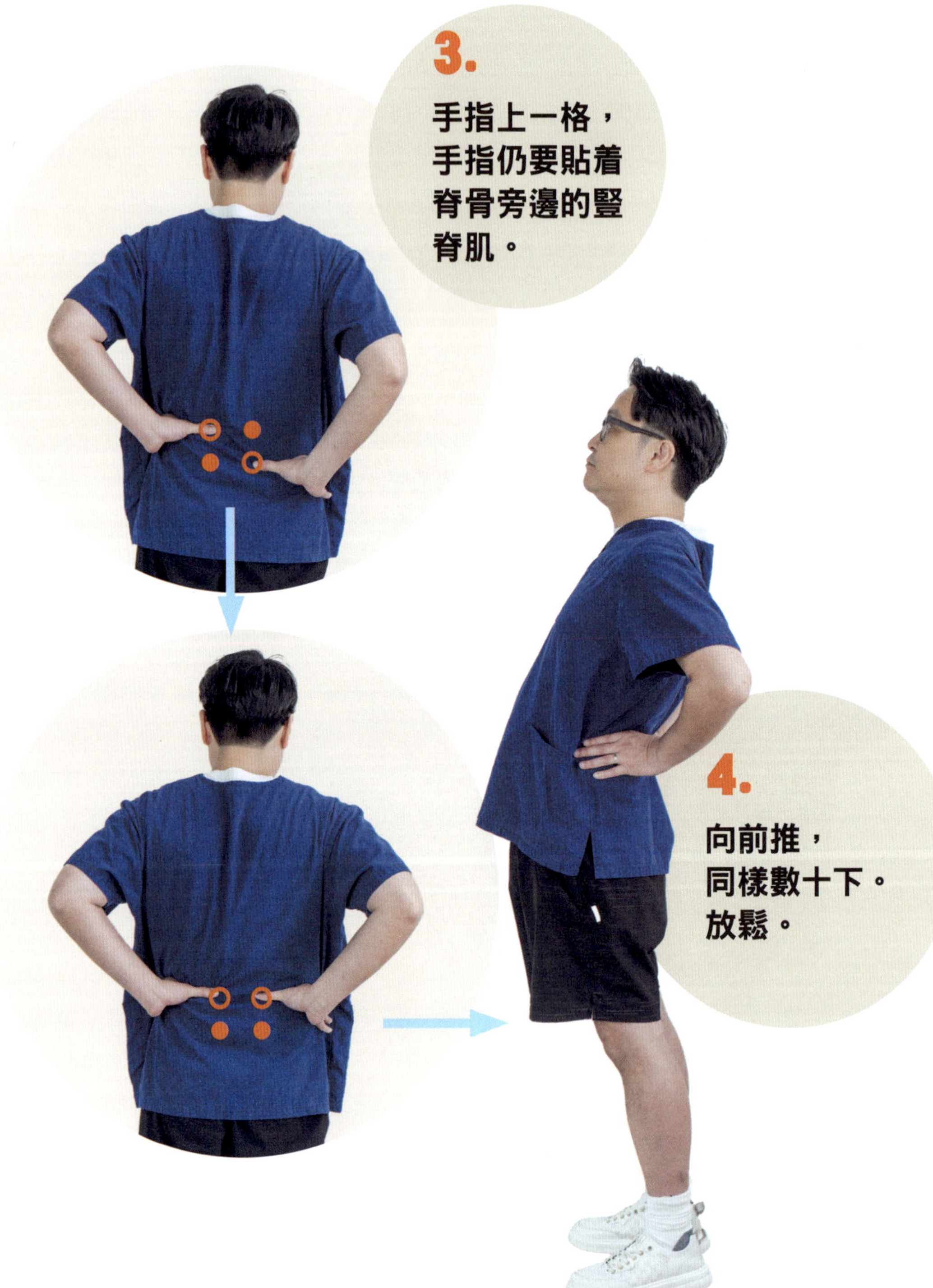
3.
手指上一格，
手指仍要貼着
脊骨旁邊的豎
脊肌。
4.
向前推，
同樣數十下。
放鬆。

總共做三組，一個小時做一次

5.

手指再上一格，手指仍要貼着脊骨旁邊的豎脊肌。

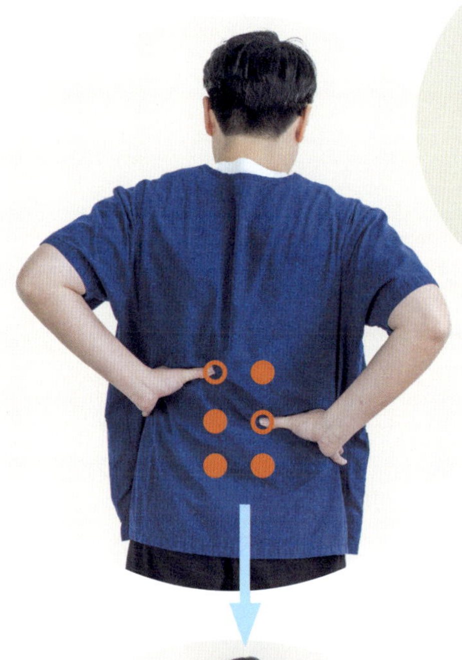

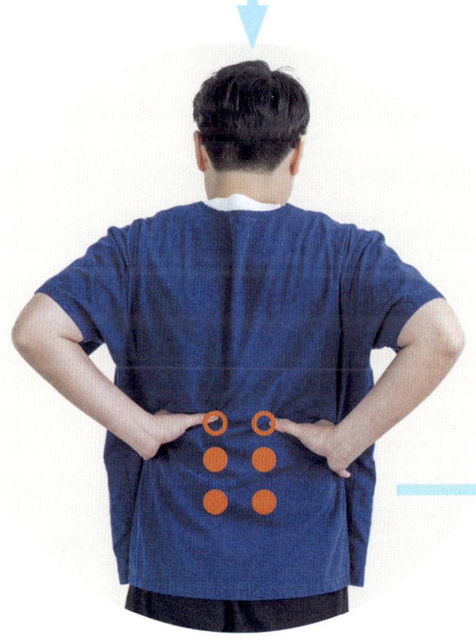

6.

再向前推，同樣數十下。放鬆。

Chapter 5

頸痛及頭痛

第五章

頭痛成因

原來和頸椎錯位有關？

2016 年美國醫學雜誌 *Chiropractic Manual Therapies* 裏，一群科學家及脊醫做了一個為期 12 至 24 星期的臨床研究，並為 256 名 18 歲以上頭痛患者進行持續性的脊骨矯正，他們全部都有一個共通點，就是從 X 光片顯示出有頸因性頭痛（Cervicogenic Headache）。

在研究過程中，脊醫為患者提供每星期 3 次、每次 10 分鐘的脊骨矯正治療，維持 6 個星期。結果顯示，經過脊骨矯正治療後，超過 70% 人士在治療後的 6 個星期內，沒出現頭痛復發的情況；而 16% 人士在完成治療後的 3 個星期會出現 2 次或以上的頭痛，但已比起當初的頭痛情況減少了。

以上研究充分說明了：**頭痛原來有可能是和頸椎錯位有關！**

其實，頭痛是一個非常複雜的痛症，成因可以很多，包括腦部血管循環問題，令氧氣不夠輸送到腦部；血管受壓；神經線受壓；高血壓；食物敏感；嗜酒；精神壓力；睡眠不足；服食西藥副作用等。其實，大部分患者頸椎的第一、二節（C1 及 C2）有出現錯位現象，更有部分患者不只是頸椎錯位那麼簡單，而是患上「頸椎間盤突出症」。

頸椎的神經線，主要控制頸部血管、大腦垂體、頭皮、面部、腦部、眼及耳神經、三叉神經、鼻、口和唇等。當頸椎受傷或移位，令頸椎間盤突出，壓到神經線及椎動脈時，輸往腦部的血液減少，就會出現各種相關徵狀。例如頸椎第一節（C1）神經受壓所影響的部位就可包括：頸部血管、大腦垂體、頭皮、面部、腦部、中耳、內耳及交感神經系統。而頸椎錯位整體來說引起的徵狀可包括頭痛、神經過敏、失眠、高血壓、精神恍惚、頭暈、健忘及倦怠等。除此之外，由於頸椎神經線受壓，患者更有機會出現肩頸拉扯、一側手臂或雙臂至手指尖痺痛、肌肉力量漸漸減少等。

因此，當有手痺及頭痛時，應當立即檢查有否頸椎錯位甚至頸椎間盤突出，並接受適當的治療。醫治頸椎錯位的主要方法，就是要把錯位的脊椎矯正，包括運用脊醫手法矯正錯位的頸椎，再視乎需要，配合椎間盤減壓床等器具，為頸椎及椎間盤提供復位運動治療。

治療任何頸椎問題，必須先作詳細檢查。首先檢查頸椎的關節活動範圍有否受限（Joint Restriction），而關節活動範圍受限可分為「活動不足」和「活動過份」。「活動不足」是指自主僵硬，如強行施力便覺疼痛，而當患者轉動頭部時，肩膀也會一起轉動。「活動過份」是指頸骨的韌帶失去韌度，不能保護頸關節。因此活動範圍過多時，便很容易出現勞損。

其次就是照 X 光片，這樣就能準確地看出頸椎錯位的方向和嚴重程度，繼而為患者進行脊椎矯正治療，醫治痛症。因此，一定要找出主要成因，才可以為患者提供適當的治療。

頸椎錯位

如何出現？

頸椎錯位，是指頸椎骨頭和椎間盤之間的關節位置變化，可能導致神經、肌肉和脊髓受壓或損傷。原因包括：

1 急速的頸部扭曲或撞擊，例如車禍、跌倒、運動創傷等。

2 頸椎肌肉勞損或拉傷，例如長時間保持同一姿勢（如長時間使用電腦）或進行重複性運動（如長時間低頭使用手機）。長期用手機，容易頭部向下傾，增加頸椎負荷，令頸椎第一、二節（C1 及 C2）漸漸出現錯位。因為頸椎第一、二節神經線是控制腦部、眼睛、耳朵的運作，如果這兩節出現錯位，便會壓着神經線，出現頭痛、頭暈、耳鳴、眼疾等問題。

3 頸椎間盤突出或退化，可能會壓迫神經和脊髓，長遠導致頸椎錯位。

4 頸椎關節炎，這是一種屬於炎症性關節疾病，若發生在頸椎就有可能導致關節腫痛和錯位。

5 脊柱管狹窄，會壓迫神經和脊髓，有機會導致頸椎錯位。

一般人出現頭痛時都會先服用止痛藥，希望可以藥到病除。臨床所接觸患頭痛的病人當中，有不少也告訴我起初服用止痛藥真的有幫助，不過慢慢地頭痛又會回來，而出現頭痛的次數也漸漸頻密，甚至一星期有一至兩天頭痛得不能工作。若接受西醫檢查，可能發現一切正常，沒有腫瘤，也不是血管堵塞，沒有生命危險，不是不治之症如腦癌或中風、爆血管——這雖然是好消息，但頭痛卻持續，又找不到原因，怎麼辦呢？

其實到了這階段，需要檢查的部位是頸部，包括：

1 做一個頸椎 X 光或磁力共振，看看頸椎有沒有失去弧度，頸椎第一、二節有沒有錯位。

2 檢查頸部的活動能力是否正常。頭部可以向上向下，轉左轉右嗎？如果頸部的活動範圍受到限制，那就代表頸椎出現問題了。

3 了解病人本身有否長期肩頸痛。不只是累或疲倦，而是有頸痛或只要輕輕按壓頸部肌肉也會感到痛楚。有時病人會告訴我，他們常常「瞓捩頸」（落枕），或早上起床頸部特別痛或僵硬。其實這些就是頸因性頭痛的病徵了！

除了頭痛，頸椎錯位也常會引致面部麻痺，包括嘴唇、牙骹、臉頰都有可能感覺麻痺，而受影響器官的功能也會出錯，後果可大可小。

脊醫的責任就是找出頸椎錯位位置，然後用手法去矯正，令身體可以回復正常。此外就是因應每個病人的需要，教授適合的運動，以確保病人可以完全康復。例如一般建議大家每工作一小時要停一停，變換一下姿勢，做做伸展運動，最少也要頭向上、頸向後拉，確保頸椎有正常的弧度。

舒緩運動 1

針對頸痛及頭痛

雙下巴運動

這個運動是用來增加頸椎弧度，減少頸椎受壓迫而出現的痛症。針對幫助頸椎間盤突出症、弧度缺乏症及常常用手機電腦出現的頸痛姿勢問題。

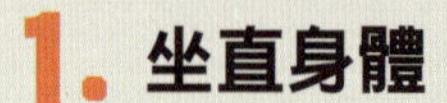

1. 坐直身體。

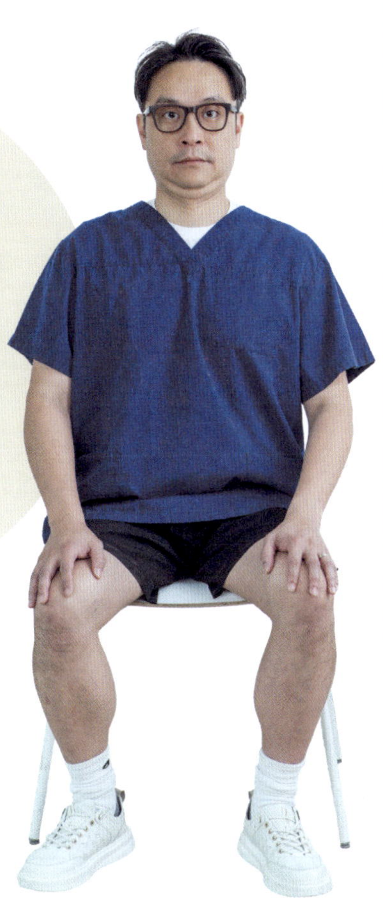

2.

下巴向下，形成一個雙下巴，做的時候輕輕就可以了，不可以太大力。
維持這姿勢，數五下。

側面

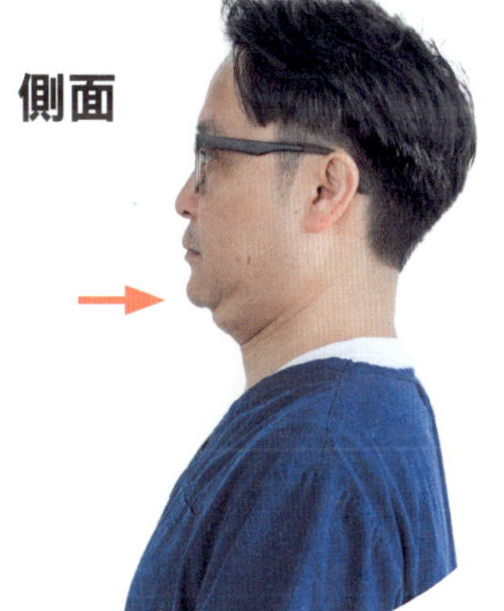

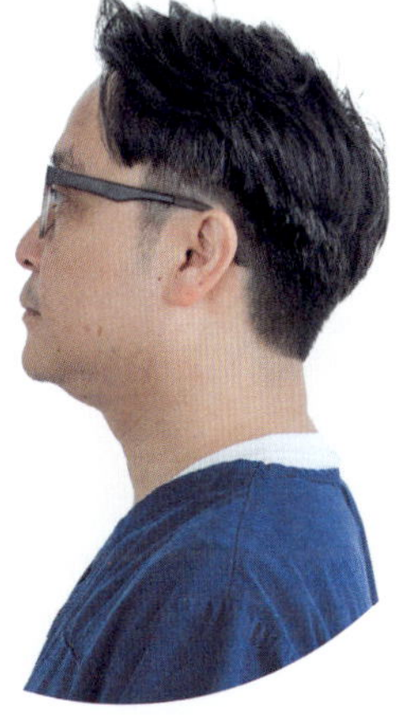

3.

放鬆。

舒緩運動 2

針對頸痛及頭痛

雙下巴 W 運動

這個運動主要是改善頸椎弧度，同時也可以強化背肌，減少塞背。

1\. 做個雙下巴。

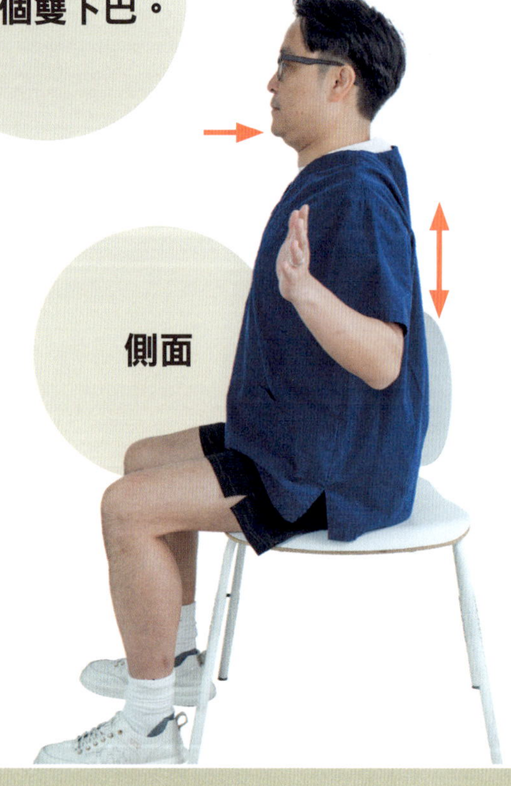

側面

重複做三組，每天可以做三次

2.

提起雙手。

3.

手踭向下，
試做個 W。
上下做五次後
放鬆。

舒緩運動 3

針對頸痛及頭痛

按摩風池穴

這個運動主要針對頭痛而做的，因為風池穴位是可以止頭痛。每一小時可以按一次。

1.

尋找風池穴：
耳朵後面，
有一個凹位，
在後枕骨之下。

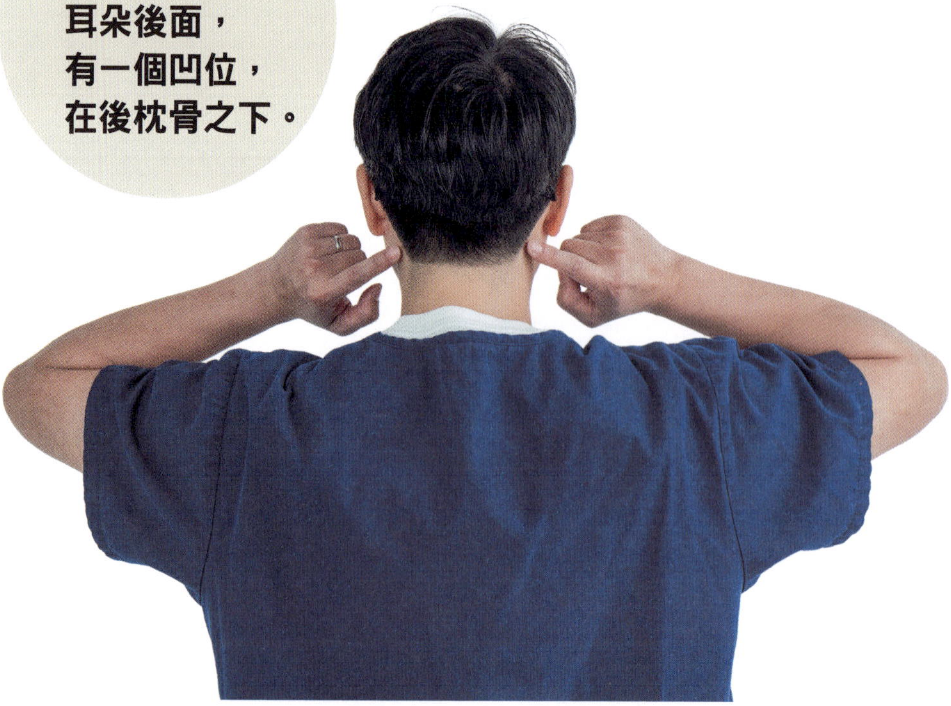

2.

將拇指按摩風池穴，大約十下後放鬆。

可以轉圈，轉圈可以幫助風池穴放鬆，也可以紓緩頭痛。可以轉十下，每小時做一次。

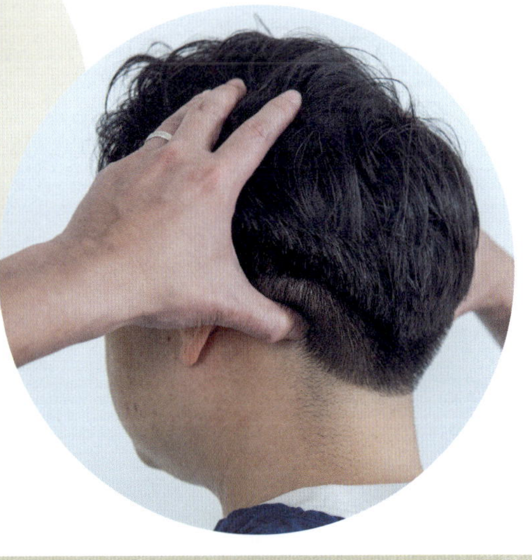

舒緩運動 4

針對頸痛及頭痛

用毛巾伸展頸椎

這個運動主要是利用毛巾的阻力來協助伸展頸椎附近的肌肉包括胸鎖乳突肌及斜角肌。

1.

準備一條毛巾摺成條狀。

2.

放在頸後。

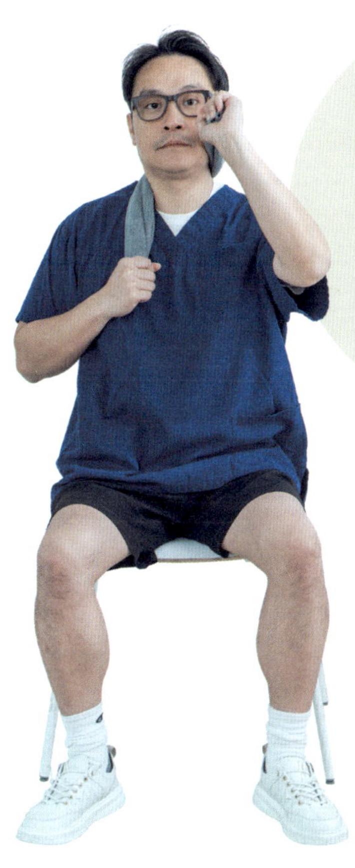

3.

右手拿着毛巾尾部，放在心口；左手拿着毛巾，放在面頰上。

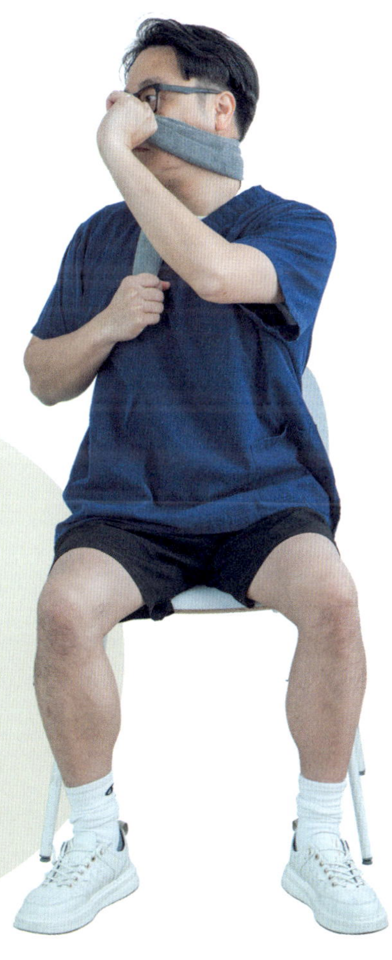

4.

右手向下拉，左手牽引毛巾，令頭部向右轉，維持十下。

5.

放鬆。

6.

右手拿着毛巾，
放在右邊面頰；
左手放在心口。

左右兩邊各做三組，每天可以做三次

7.

左手向下拉，右手牽引毛巾，令頭部向左轉，數十下，放鬆。

Chapter 6

背痛及寒背

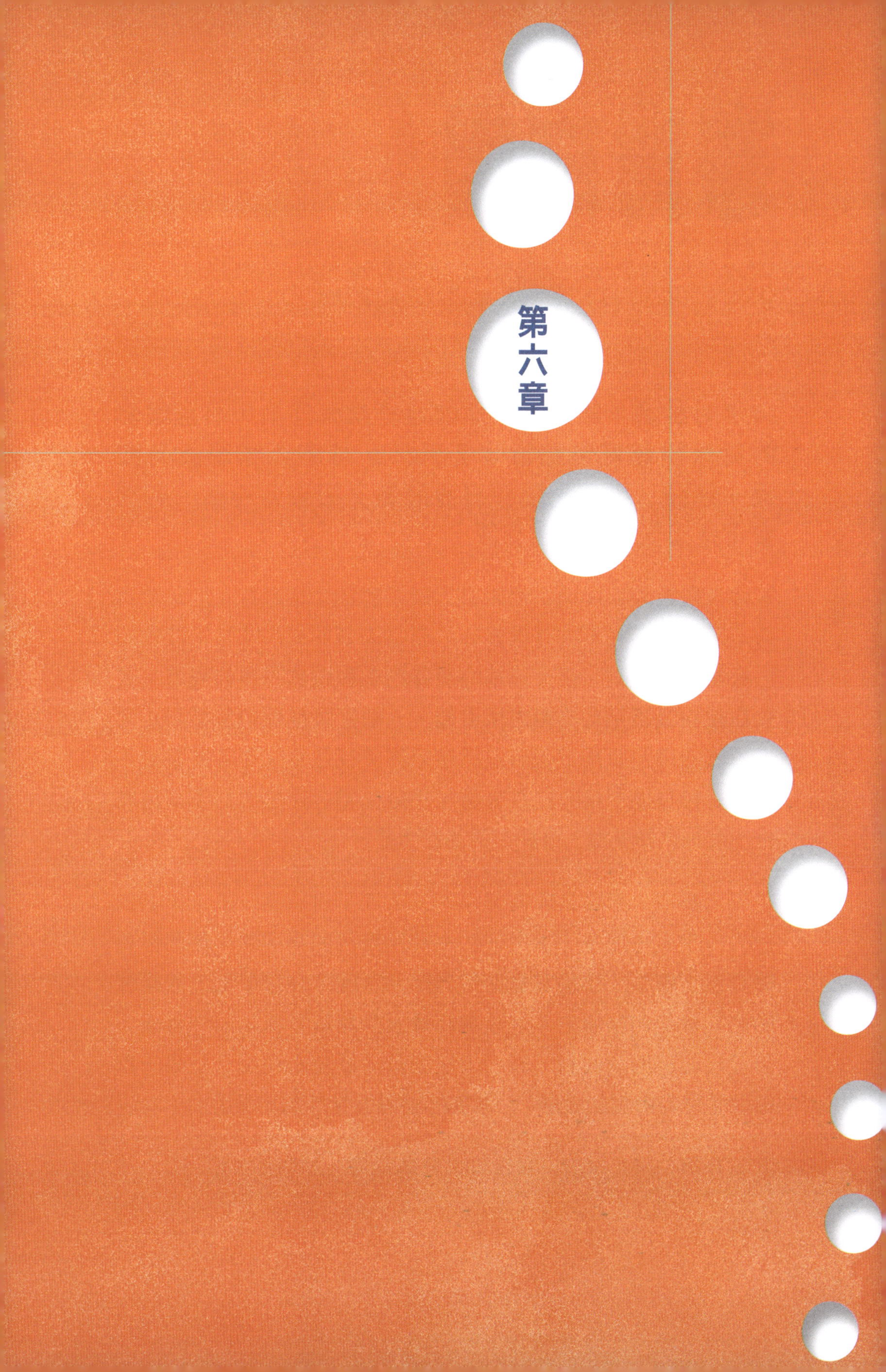

第六章

寒背成因

A 型及 B 型寒背的分別

有沒有試過，被旁人說你的頭經常耷向前，甚至說你的背脊拱起好像龜背呢？另外，你會否也患上有腰痛、頸痛、腳痛、腳踭痛等問題？如果有的話，有機會這些病徵都和寒背有關。

寒背大概人人都聽過，但未必正確了解什麼是寒背。形成寒背的原因，包括先天性脊椎變形，而這因素形成的寒背可能會屬於較嚴重的個案。**後天形成的寒背則多數由於不良的姿勢，或長期錯誤及不平均的用力所引起。**一般寒背症狀則包括不正常的脊椎曲線及弧度，但若是病情輕微時往往令人不容易察覺。由於脊椎形態不良，往往令脊椎神經受壓，衍生出很多其他脊椎症狀，例如疼痛、麻痺、關節乏力等。

在現代都市，寒背是非常普遍的，大家平日留意一下，街上的途人，家人、朋友、太太、丈夫甚至自己的小朋友，他們都有機會患上寒背。那麼究竟如何界定寒背呢？在醫學上，如果我們站立着從側面看去，耳朵和膊頭及身體其實應該成一直線，若發現頭部向前傾斜，或者出現圓肩（即左右肩膊不是成一直線而是呈向前彎的弧形），其實已經可以界定為寒背了。

近年有不少研究提出，寒背可以分為兩種：A 型及 B 型。

A 型寒背通常是指站立着從側面看時，會出現 C 字形的背脊，即除了上半身向前彎，連盆骨也會向後傾，從側面看就好像「彎弓蝦米」一樣。除了外觀不理想，也會影響到背脊、膝頭、腳踭等的壓力增加，長遠就會增加這些關節出現痛症。所以患上 A 型寒背的人士，常常訴說有腳踭痛、膝痛、背痛等，而盆骨長期向後傾也較容易患上腰痠背痛。

患上 A 型寒背的以長者較多，因為它涉及一些退化的問題，可能起初不是太嚴重，但經過一場大病或者隨年紀出現骨質疏鬆等，就有機會導致 A 型寒背。

而 B 型寒背和 A 型寒背的分別，是從側面看去，A 型寒背患者會像一個字母 C，而 **B 型患者就像字母 S，即頭部向前傾，上背脊特別突出，形成俗稱的「富貴包」**（其實 B 型寒背的人一般都較容易患上富貴包）。另外，可看見腰骨弧度增加或者盆骨前傾，壓着腰椎神經線，因而容易出現坐骨神經痛。即是說由腰骨痛到落腳，嚴重時腳部會麻痹。另外因為壓力落到腳的前掌，也容易引起腳前掌痛甚至腳趾痛，若女士喜歡穿高踭鞋更會加劇 B 型寒背。

B 型寒背通常發生在年輕人和中年人身上，因為這是和姿勢有關，當身體越來越向前傾，就會加劇 B 型寒背而當中並不涉及退化問題。所以也可以形容 B 型寒背是一種因勞損及錯誤姿勢而產生的寒背，如果我們可以改變姿勢，以及配合運動，就可以消除 B 型寒背，回復正常的姿勢。

背痛成因

原來和頸椎有關？

當患上背痛的病人向脊醫求診，最重要的是要準確診斷背痛的原因，才能給予合適的治療及指導適合的運動。

一般背痛的成因可分為以下類別：一般性疾病如感冒、發燒等；從內臟器官疾病而來的牽扯背痛；脊椎與神經系統疾病；肌肉因素導致背痛；非骨性病變導致的機械性缺陷；精神性背痛；骨性病理病變。以下逐一簡單講解：

1. 任何急性發燒或感冒，都可以造成背痛。但通常在痊癒後，身體回復正常活動時，背痛情況便會逐漸消失。若在退燒後背痛問題依然纏擾不休，那就可能是因為在患病的過程中，毒素積存在肌肉內；或是因卧病在床過久，床褥凹陷不夠承托，不慎拉傷韌帶；又或是缺乏運動而令肌肉繃緊失去張力；亦可以是由於細胞內液體滯留導致椎間盤水腫。
2. 當病人患有某些內臟疾病時，通常會出現背痛與局部性觸痛的情況。原因是由於內臟器官和相關的脊椎關節有着密切的反射連結，而最有可能引起背痛的疾病有：胸膜炎、胃潰瘍、腎臟病、胰臟炎、膽囊炎、內臟下垂、肺病、後腹膜腔腫瘤、盆腔炎、子宮移位等。雖然以上的疾病會產生背痛，但嚴重程度各有不同。病人應先接受內臟器官疾病治療後，才可進一步跟進脊骨毛病。
3. 脊椎與神經系統的背痛可以分為骨性關節炎、類風濕關節炎、脊椎側彎、骨質疏鬆症、脊椎滑脫症、椎間盤突出症、脊骨腫瘤等。上述的脊椎病均可透過 X 光、磁力共振掃描（MRI）及骨質密度檢測來診斷出來。脊醫會根據嚴重程度來作出合適的治療或安排轉介相關的專科醫生作跟進。

4 肌肉過分繃緊、腹部和背部的肌肉過弱、因運動而造成的肌肉勞損或扭傷等，這幾點都會產生背痛。通常患者在發病時，肌肉都會有痠痛的感覺。若果患者曾有運動肌腱扭傷的病史，那就可以診斷為肌肉因素導致背痛。

5 非骨性病變導致之機械性缺陷是指脊椎分離、椎骨前／後突、凹胸、長短腳、先天性不對稱等，這是骨骼的變化而導致背痛，並不是患病。但很多病人根本不察覺自己的骨骼起了變化，直到痛症出現去求醫才知道。

6 精神性背痛問題不只是脊醫醫治的範疇，更可能需要轉介至精神科醫生或心理學家跟進。例如一種名為纖維性肌痛（Fibromalagia）的病症，會引致全身無力、背痛無比，更有很多人忍受不了長期的痛苦煎熬而了結生命。而纖維性肌痛跟精神及心理有密切關係，焦慮、抑鬱症、長期失眠等人士較容易患上。

7 當以上六種背痛的原因都被排除時，那就很可能是由於骨性病理病變引起背痛。這就是在脊椎痛症中最常見的脊椎關節錯位（Subluxation），而成因常和頸椎有關。

近年不少研究指出，若長期姿勢不正確，例如「低頭族」，頸椎受壓逐漸出現錯位，有機會引致頸椎間盤（每兩節之間的軟墊）向後突出，若刺激到硬脊膜便可能引起背痛，這類背痛大多集中在兩肩之間，有時會令醫療人員以為患者的背痛是因肌肉因素而起，而忽略了問題根源是在頸椎。

事實上，頸椎是整條脊骨之中活動得最多的部分，它除了要承托一個重達十多磅（大約相當於一個保齡球）的頭顱，協助它全方位轉動之外，在日常行走、跑步或乘搭交通工具時，頭部所受的加速或減速帶來的壓力，也完全由頸部承受，因此交通意外中，佩戴了安全帶的人也常會出現頸椎受傷。再加上現代人用電腦、看手機或平板等的需要和習慣，令頸椎問題有增無減，而當頸椎間盤及頸椎後方的小關節出現問題，尤其 C5、C6、C7 這三節，更容易引起上背痛。

臨床上，這類頸椎性背痛的患者，通常會覺得躺下或起身活動一會後上背痛楚會減輕，有些患者會說在放假時背痛也會得到某程度的舒緩。但若背痛的根源未解決，以上舒緩也只會是短暫性的。所以，要徹底解決頸椎性背痛，治療和運動都是不可缺少的。

舒緩運動 1

針對背痛及寒背

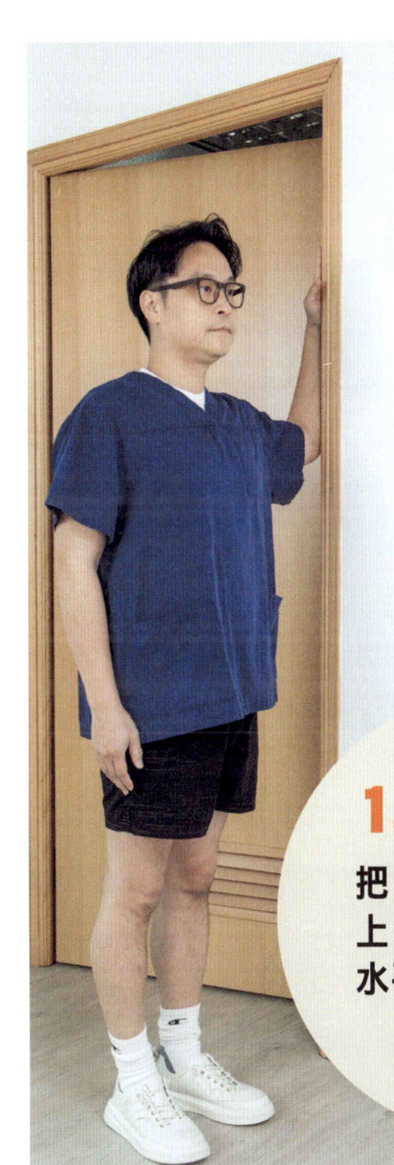

利用門框伸展胸大肌

這是一個伸展胸大肌的運動，利用門框的阻力，去拉鬆繃緊的胸大肌。

1.

把左手放在門框上，大約和肩膊水平的高度。

2.

右腳向前屈曲，
左腳伸直，
身體挺直。

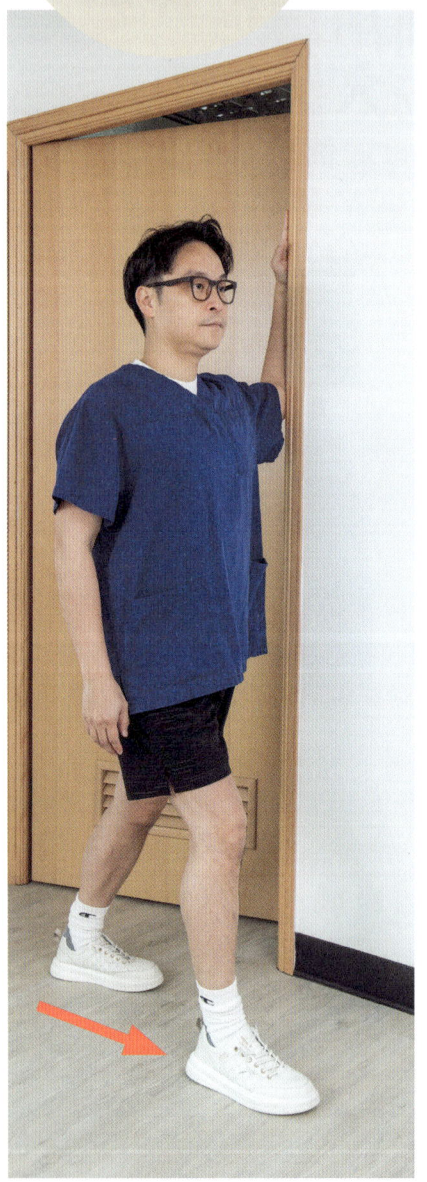

3.

身體向前傾，
數十下，
然後放鬆。

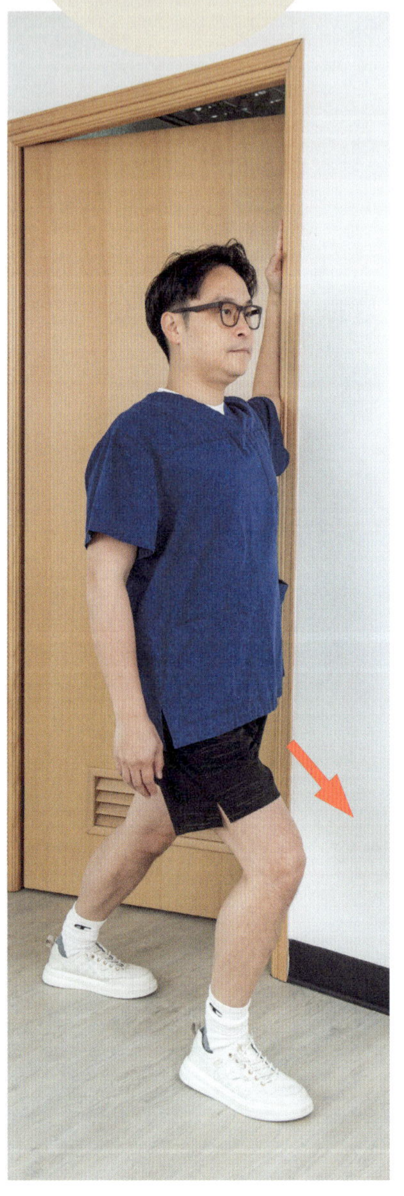

背面

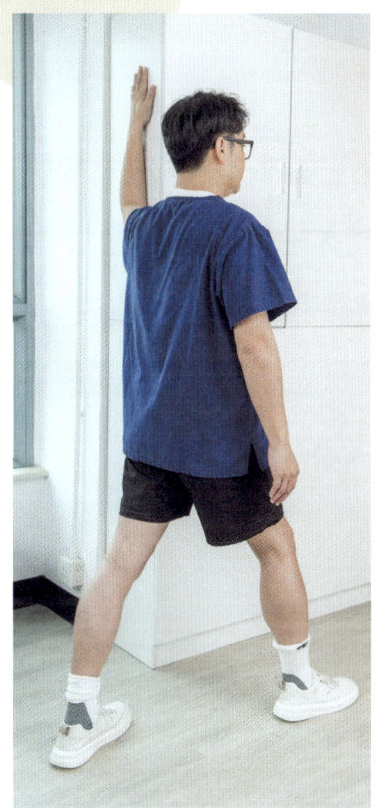

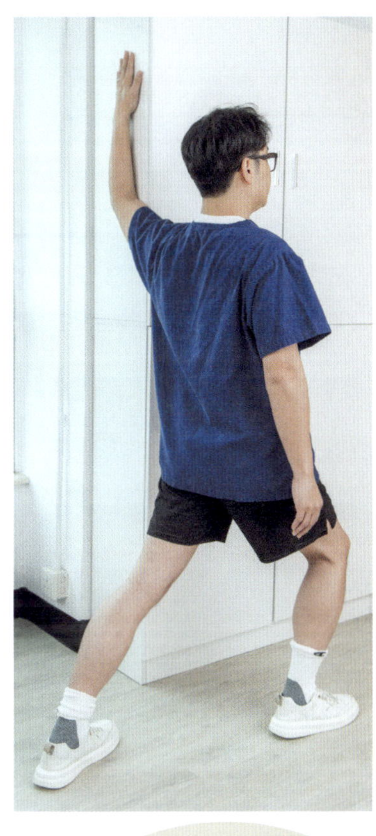

每邊重複各做三組，每天可以做三次

4.

伸展右邊，和左邊步驟一樣，右手放在門框上，大約和肩膊水平的高度，左腳屈曲，右腳向後挺直，身體向前傾，數十下，然後放鬆。

舒緩運動 2

針對背痛及寒背

雙手放頭，打開心口運動

這個運動是用來打開心口，防止出現圓肩姿勢，針對常常用電腦和手機的人士。可以每一小時做一次。

1.

雙手合起來，放在頭後面。

重複做三組，每小時可以做一次

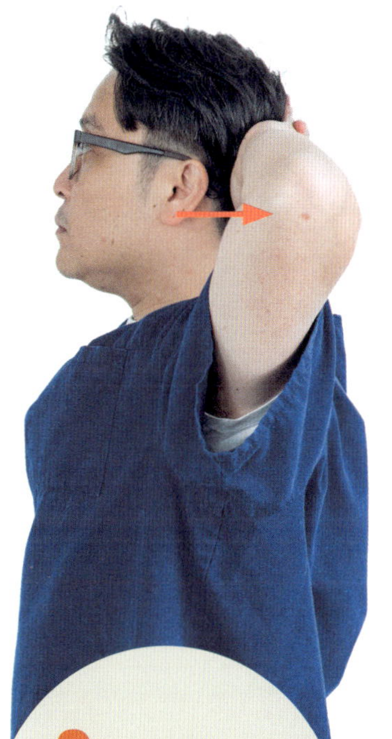

2.

打開兩邊手肘。

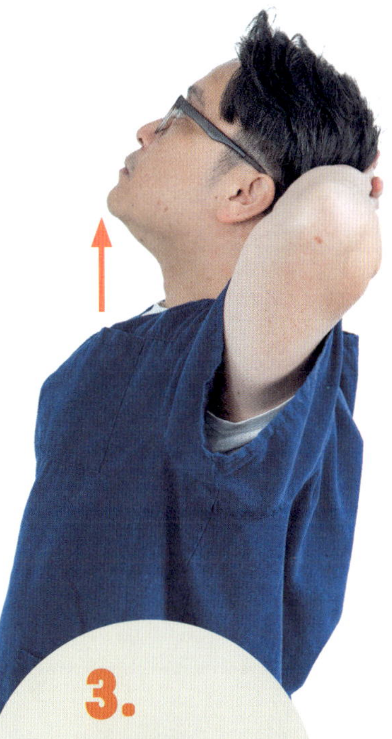

3.

抬高頭，
數十下。

4.

回原位置，
放鬆。

舒緩運動 3

針對背痛及寒背

風車轉

這個運動是針對頸椎活動幅度不夠及胸大肌過緊的人士。請留意做的時候，如果頸部幅度欠佳，就不要過分地伸展，一定要慢慢適應才能做。

1.

雙手伸展，
伸直，
手指向上。

右手伸直，
慢慢轉向右邊，
眼望着拇指，
頭跟着向後轉。

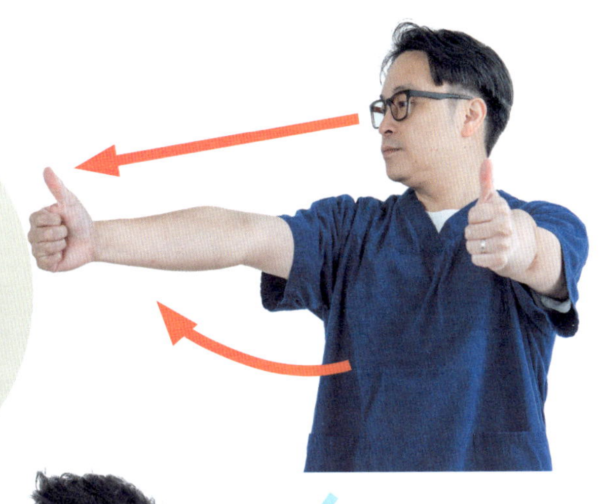

3.

數十下，
然後放鬆。

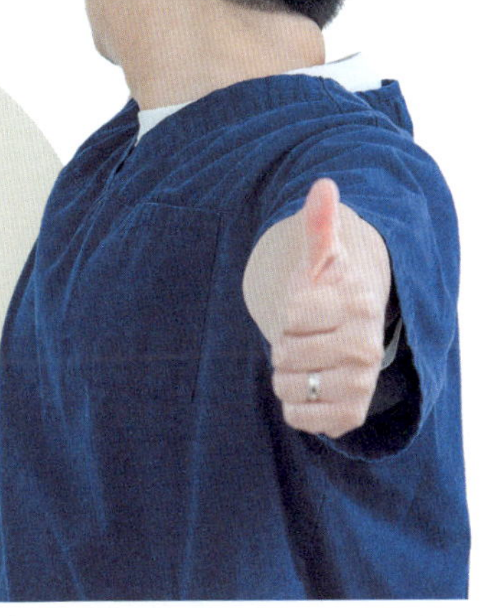

4.

左手伸直，
慢慢轉向左邊，
頭跟着轉，
望着拇指。

兩邊重複各做三組，每小時可以做一次

5.

數十下，
然後放鬆。

舒緩運動 4

針對背痛及寒背

手向後屈曲伸展肩胛

這個運動是伸展肩胛旁邊肌肉特別是小圓肌。當肩胛肌肉放鬆了，自然寒背也會減少。

1.

屈起右手，放在肩膊後，然後提升。

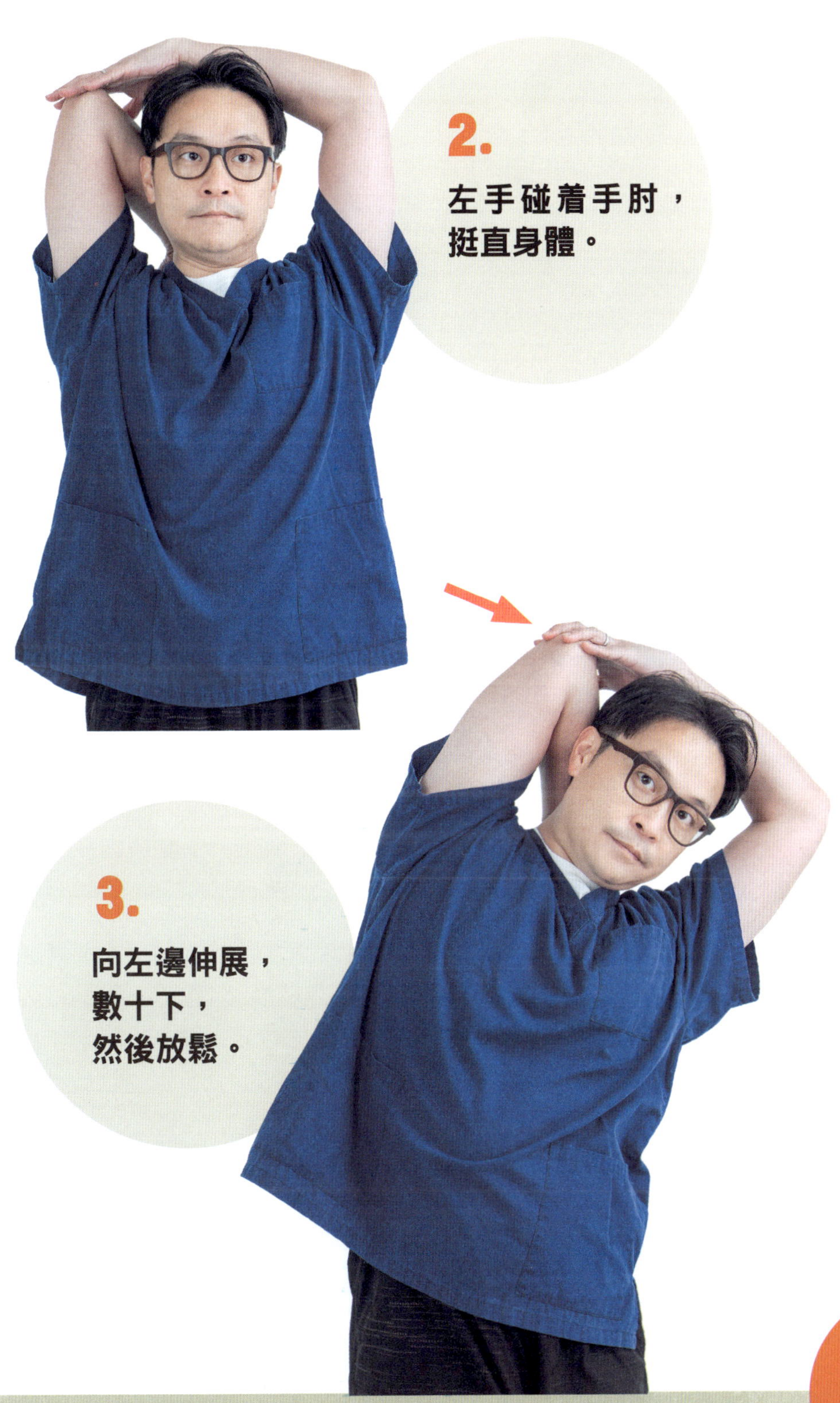

2.

左手碰着手肘，
挺直身體。

3.

向左邊伸展，
數十下，
然後放鬆。

4.

屈起左手，
放在肩膊後，
再提升。

5.

右手碰着手肘，
挺直身體。

6.

向右邊伸展，
數十下，
然後放鬆。

兩邊重複各做三組，每天可以做三次

Chapter 7

肩膊痛

第七章

肩膊的結構

不用多說大家都知道，肩關節是一個活動量十分大的關節，它的結構是由肩胛骨（Scapula）、鎖骨（Clavicle）、肱骨（Humerus）組成，並由多組肌肉、筋腱、韌帶及關節囊等圍繞，令膊頭可進行多方向的活動。而肩關節的上方，是由鎖骨與肩峰（Acromion）所形成的肩峰鎖骨關節。可以說，它的結構在人體中屬於較複雜，因此可引致肩膊痛的情況也有很多。

以都市人常見的寒背為例，當寒背出現時，我們兩邊肩膊就會向前屈曲（在結構上是肩膊的肱骨扭向前），形成「圓肩」。圓肩會引致兩個問題：首先，肩膊周邊的肌肉例如肩胛提肌（Levator Scapulae）、斜方肌上束（Upper Trapezius）、肩胛下肌（Subscapularis）、棘上肌（Supraspinatus）和胸小肌（Pectoralis Minor）等，需要用比平常多的力量去穩定肩膊，若寒背一直得不到糾正，以上肌肉很容易過度勞損繼而引起肌肉痛症。

其次，當寒背出現，位於肩關節的兩條肌肉：肱二頭肌長頭肌腱（Biceps Brachii Long Head Tendon）及棘上肌肌腱（Supraspinatus Tendon）也會變得繃緊，令活動幅度減少。所以，很多肩膊痛患者在仔細檢查之下，會發覺出現疼痛的肌肉都包括了二頭肌。

正因肩關節較大及結構複雜，肩膊痛可以在肩關節不同的位置出現，但**主要成因都與運動創傷、姿勢不正確、勞損、退化等有關**，而造成三類主要的肩膊痛：肩膊肌肉痛、肩關節發炎及肩膊軟組織發炎。

肩膊肌肉痛有部分可在短期內康復，亦可能會持續一段時間，出現肩頸肌肉綳緊、腫脹等症狀，這類肌肉痛可能與肩膊外側位置的三角肌、連接頸側及上背部的斜方肌、肩胛骨內側的菱形肌、由頸側延伸至肩胛骨內側上緣位置提肩胛肌等肩頸肌肉或相連筋腱發炎有關。除了以上肌肉，肩旋轉肌袖（Rotator Cuff）也可能是導致肩膊痛的根源，即常見的「肩胛擠綜合症」，下文會有另一節作說明。

要注意的是，只要上述肩膊肌肉出現拉傷，便有機會令周邊的肌肉和筋腱綳緊，例如當斜方肌有慢性疼痛，膊頭菱形肌和肩胛提肌為了向肩膊提供力量，就可能導致菱形肌及肩胛提肌綳緊，繼而加入疼痛行列。所以肩膊肌肉痛往往是有連帶性的，處理時不能只針對某一組肌肉。

至於另一肩膊痛常見類別：肩關節發炎，當中包含了大家都會聽過的「五十肩」（肩周炎），以及其他肩關節炎，除了肩膊痛也常會有僵硬症狀，影響肩關節的活動幅度，並且影響持續愈久，肩關節的情況便會變得愈差。

成因及病徵

肩周炎是甚麼？

肩周炎為甚麼又稱為「五十肩」？原因是肩周炎最常見於 40 至 60 歲的人士，但實際上，肩周炎的成因並不限於退化，近年所見越來越多是因姿勢欠佳而形成肩周炎，所以任何年齡的人都可能有這問題，並非 50 歲前後人士的專利，但臨床所見女性患者比男性為多。

誘發肩周炎的原因有很多，例如常見是由於肩胛骨和肱骨間的位置，與周邊的肌力受到改變，破壞了肩膊力學的正常狀態，在這情況下當肩膊不停活動時，等於反覆地造成傷害，使肩關節的肌肉更緊張和不平衡。這情況最初可能只引起慢性疼痛，患者也不察覺，但日積月累之下就會逐漸導致肩關節錯位，並引起肩關節周邊的軟組織發炎，關節囊內出現黏連，出現疼痛、僵硬，隨之而來的就是肩關節活動受到限制，例如手臂可提升的幅度越來越小，到最後把手臂提高至肩膊水平位置也無法做到。

肩周炎的特點之一，是患者求診時一般很難清楚指出哪一個特定位置疼痛，大多是說肩部大範圍不適，而晚間睡覺時若不慎壓到患處，或睡夢中轉身時疼痛會更強烈，因此患者的睡眠質素常會受到影響。

而另一特點是通常只會在單邊肩膊出現，兩邊肩膊同時有肩周炎的患者在臨床上十分少見。較多見反而是兩邊肩膊交替患上肩周炎的個案，他們的情況大同小異：平日習慣以其中一隻手拿重物，例如餸菜或超市飲品，當這隻慣常用的手出現肩周炎後，便改用另一隻手，於是最終輪到另一邊出現肩周炎。其實日常只要避免「用死一隻手」，諸如此類的情況便不會出現。

處理肩周炎最忌拖延，病情拖得愈久才去處理，就愈難治癒，有些病情嚴重的個案甚至要花上數年時間治療，若能及早開始治療一般都會簡單些。至於具體的治療方法，大方向離不開消炎、以牽引手法分開關節囊內的黏連、恢復肩關節的正常活動能力等，但始終每個病人情況各異，有些個案會需要非藥物治療包括脊醫的矯正手法，逐步鬆開僵硬的肩膊；有些則需要其他輔助治療例如超聲波或衝擊波，以刺激肩關節周邊，加速血液循環從而軟化肌肉組織等等。

而在肩周炎的治療和預防中，一定少不了運動。患者平日必須留意維持良好的姿勢，避免長期以單邊手臂用力，此外就是多做強化肩膊及上臂肌肉的運動，並且持之以恒。而肩周炎患者，則需要較針對性地做例如「手指爬牆」等運動，才可徹底治療這個痛症。

其他成因

肩胛擠綜合症是甚麼？

在本章第一節提到，肩旋轉肌袖（Rotator Cuff）的棘上肌也可能是導致肩膊痛的根源，即常見的「肩胛擠綜合症」（Shoulder Impingement Syndrome）。

棘上肌是位於肱骨大粗隆和肩峰底之間，舉手的時候，該處肌腱容易被夾擊及磨擦，因此肩胛擠綜合症主要是因棘上肌受到擠壓，引致肌腱炎、肩峰下滑膜囊炎、肩峰鎖骨退化性關節炎等各種勞損性炎症，綜合而成。嚴重的個案，患者肩旋轉肌袖會鈣化、纖維化，甚至撕裂。

肩胛擠綜合症的風險因素包括：

1 姿勢不良如寒背、頸部過度前傾等；
2 頸膊肌力不足、胸肌過度繃緊；
3 肩關節退化；
4 肩峰骨骼先天彎曲或過厚；
5 曾有肩膊創傷（較容易出現肩關節動作控制異常）；
6 重複性上舉、揮擊或投擲動作，例如常見於棒球運動員。

肩胛擠綜合症的症狀，當然離不開肩膊痛，因此較容易和肩周炎混淆，包括：舉手時可能因疼痛而無法舉至正常高度，疼痛通常集中在肩部的前方，舉手時肩關節會不暢順甚至發出「咯咯」的聲響，舉手時肩部肌肉有被夾擠感。若不及早治療，有機會導致棘上肌肌腱撕裂，或誘發肩周炎。

治療方法很多，現代脊醫可利用手法治療，配合脈衝磁療、衝擊波、超聲波、干擾波電療等輔助，改善肩胛擠綜合症。此外運動治療也不可少，透過設計系統性的運動計劃，可幫助患者逐漸增加肩旋轉肌腱的負荷能力，減少復發。

舒緩運動 1

針對肩膊痛

手指爬牆運動
面向牆壁

這個運動主要用來增加肩膊活動的幅度。做的時候千萬不要勉強，慢慢提起手臂，因為肩周炎有分不同的階段，起初太痛楚的時候，就要慢慢來，不要勉強。

1.

如果我們右邊有肩周炎或肩膊痛，第一件事我們要面對着牆壁，然後提起右手，先碰着牆。

2.

踏前一步，
再慢慢提起右手。

3.

如果可以的話，
再踏前一步，
盡量再提起右手，
然後數十下。

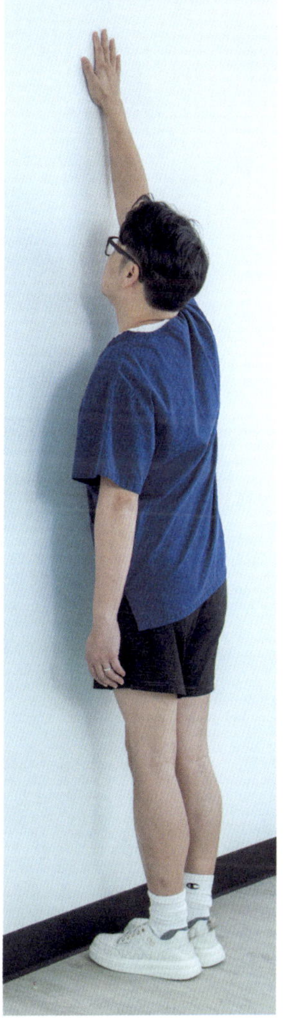

手指爬牆運動
側身向牆壁

1.

身體側向對着牆壁，手盡量提高。

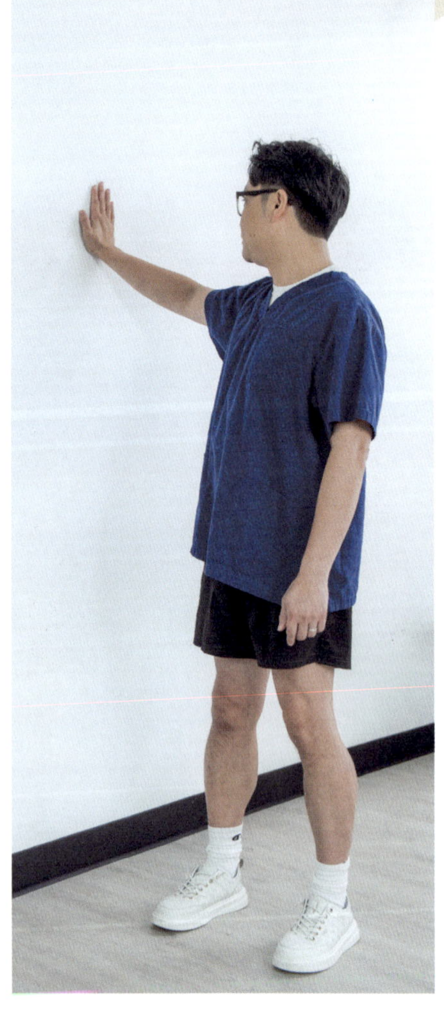

4.

把手放下來，
記緊要慢慢地放下，
不要太快，
因為會痛。

放鬆，放鬆的時候記得慢慢下來。

慢慢向牆壁踏一步，手再盡量提高，然後數十下。

面向牆壁和側身向牆壁，可以重複各做三組，每個小時可以做一次

舒緩運動 2

針對肩膊痛

用毛巾伸展肩膊

這個運動是用毛巾去協助增加肩膊的活動幅度，可以幫助受肩周炎或肩胛擠綜合症的人士。建議常常做，一小時可以做一次。

1.

如果左邊肩膊有問題，左右手拿着一條毛巾，左手在下面，右手提起。

3.

伸展左邊肩膊，
數十下，
然後放鬆。

2.

用右手帶領，
把左手提起，
盡量提升。

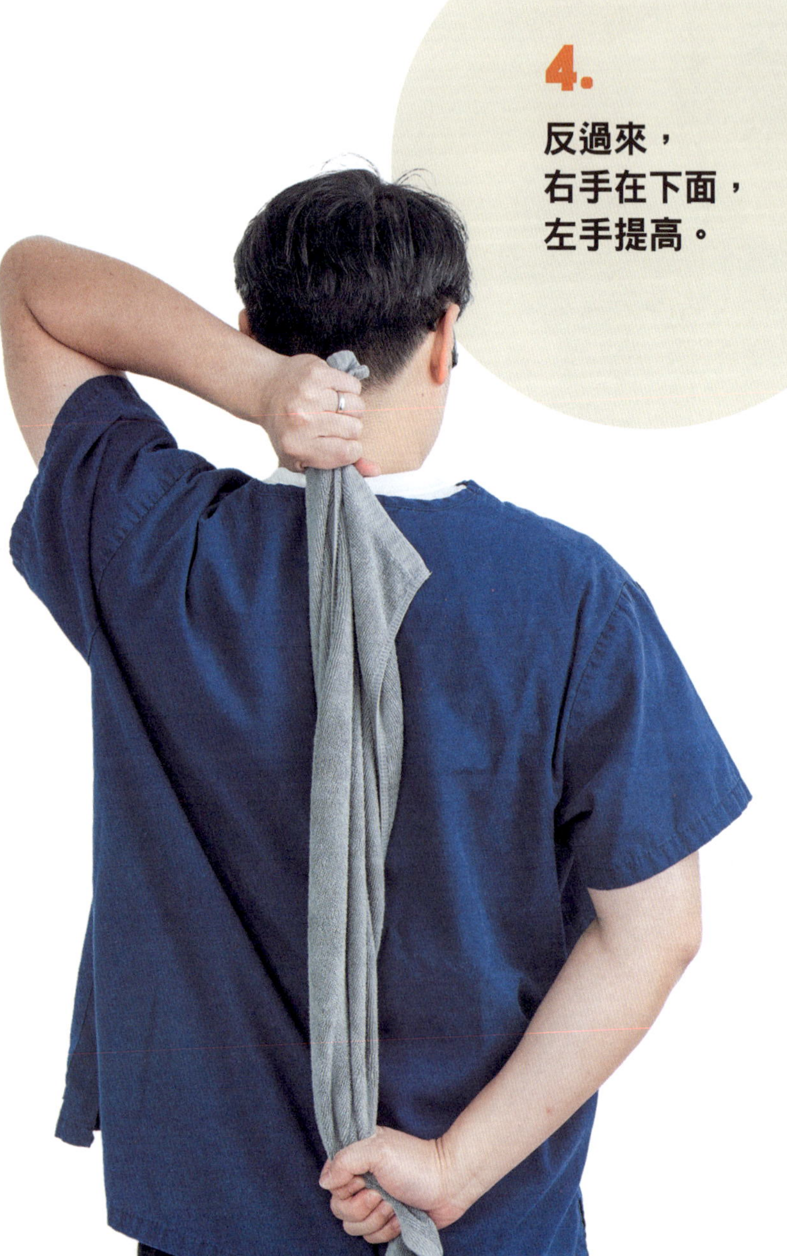

4.

反過來，
右手在下面，
左手提高。

5.

數十下，
然後放鬆。

舒緩運動 3

針對肩膊痛

用雨傘伸展肩膊

這個運動是利用一把雨傘來協助增加肩膊的活動幅度。這個運動可以令到肩胛及肌肉可有適當的運動，加快康復。

1.

如果我們右邊肩膊有問題，先用右手拿着雨傘的尾部，左手拿着雨傘較前的位置，或者兩傘最前端鈎形的位置，雙手伸直。

2.

左手向右伸展
右手順勢向上。

3.

再伸展多一點，
數十下，
然後放鬆。

5.

然後由左手
帶領向前，
數十下，
然後放鬆。

兩個方位可各做三組，每小時可做一次

4.

身體向前，
右手和左手
都要伸直。

舒緩運動 4

針對肩膊痛

用水樽打圈伸展肩膊

這個運動的好處就是利用水樽的重力來增加肩膊的活動幅度，建議做的時候水樽不要太重。之後慢慢可以增加重量，或者換一個小啞鈴來做。

1.

借助一張椅子，如果左手出現肩周炎或肩膊痛，先左手垂直拿着水樽，用右手扶着椅子，下身略為彎低，臀部向後。

2.

拿着水樽位置順時針轉五圈。

3.

逆時針轉五圈，然後放鬆。

舒緩運動 5

針對肩膊痛

腋下夾毛巾

這個運動是用來強化我們的向外旋轉肩膊肌肉。強化這個肌肉可以減少肩痛楚，亦可以幫助增加肩膊活動範圍。

1.

預備一條毛巾，然後摺起，放在左邊腋下。

重複做三組，每天可做三次

2.

手拿着水樽
左手慢慢向外旋，
期間要注意
夾緊腋下。

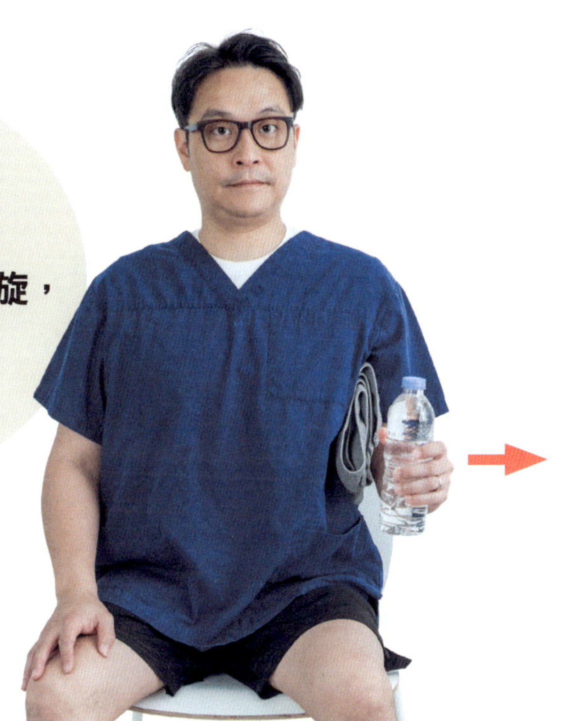

3.

重覆做十下，
然後放鬆，
再做右邊。

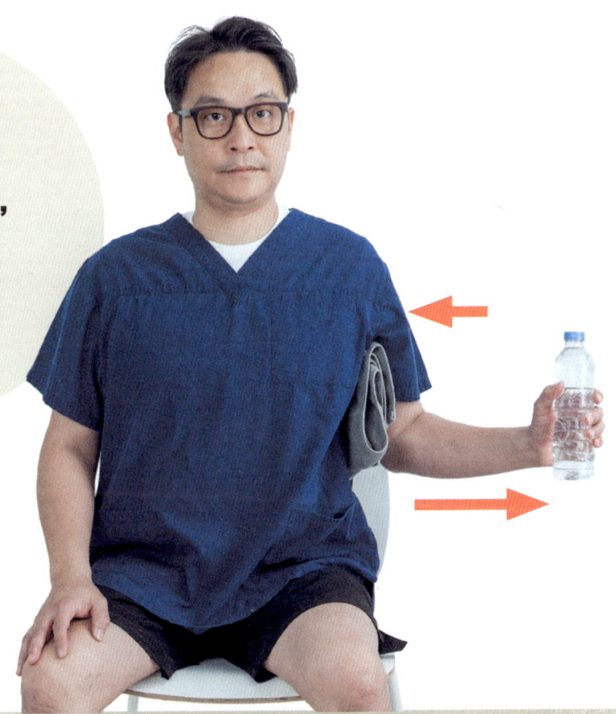

舒緩運動 6

針對肩膊痛

向後旋轉肩胛肌肉

這個運動主要伸展肩膊的旋轉肌群，做的時候慢慢來，有助肩頸膊痛的問題。每天可以重複做這個運動。

1.

兩隻手放在肩膊上，輕碰肩膊。

2.

手踭向後轉
轉十下，
然後放鬆。

側面

重複做三組，每小時可做一次

Chapter 8

腰及頸椎間盤突出

第八章

椎間盤的結構

哪裏會發生突出？

椎間盤是位於脊椎骨之間的軟骨組織，具備彈性及光滑的表面。椎間盤的構造可分為兩部分，在中心的是髓核，由第二型膠原蛋白造成，含大量的水分，十分具有彈性，像啫喱一樣。外圍的是纖維環，擁有大約二十到三十層，好像洋蔥一圈又一圈的包圍着中間的髓核。

椎間盤連接兩個鄰近椎骨的纖維軟骨盤，使脊椎可以有正常的活動角度（Ranges of Motion）及有避震的功效。成人共有23 個椎間盤，而第 1 及第 2 頸椎之間及尾椎之間是沒有椎間盤的。椎間盤佔脊柱總長度四分之一，因此當年紀大了，椎間盤退化及失去水分，便會變矮了。早上的身高比晚上高一點，因為整天的工作、坐着、站着，會令到椎間盤裏的水分流失，自然變矮了。休息了一晚，水分會慢慢回流到椎間盤，身高便回復正常。整體來說，椎間盤對脊柱、大腦和其他結構（例如中樞神經、脊骨神經）有緩衝及保護的作用，是最佳的守護神。

有甚麼姿勢對椎間盤突出情況影響最大呢？這是一個常有人提出的問題，以下和大家分享一下。

第一個姿勢就是**躺着**（Supine）。人在躺着時，脊柱承受相當於體重 25% 的壓力。相對來說，此時脊柱最舒服，但如果歪扭身體、趴着睡覺，卻不利於脊柱健康。應該仰臥或側臥，仰臥時，腿伸直，在腿彎處墊個枕頭，保持一定的曲度。側臥時，最好使腿部略微彎曲，並在兩腿間夾個小枕頭，以保證脊柱和頭保持在一條直線上。

躺着就是對椎間盤第一個最好姿勢。所以當患上椎間盤突出症，發病的時候可盡量躺着來減少椎間盤的壓力。當然，有些人躺着會更辛苦，但是一般來說，年紀大，患上椎間盤突出及脊椎狹窄症的人，躺着是最舒服的姿勢。

第二個較好的姿勢就是**走路**（Walking）。雖然沒有躺着那麼好，但這個姿勢對椎間盤壓力也比較少。走路的時候要注意自己的步姿，包括我們走路的時候會否出現入字腳或外八字腳，因這反映了髖關節出現內旋（入字腳）或外旋（外八字腳）。為何會有內或外旋的問題呢？有可能小時候常常坐在地上成為一個 W 字，自然髖關節就會內旋。相反如果常常翹腳坐，髖關節就會變成外旋了。

第三個姿勢是**站立**（Standing），亦是椎間盤受壓比較大的姿勢。站立時，脊柱承載 100% 的壓力，但彎腰時，脊柱承載 200% 的壓力。很多人會覺得站立比坐着累，但是實際上，站立比坐着時，脊柱所受的壓力小。大家要緊記，站立時雙腳的壓力應該均衡，不要側向一邊。有一個不錯的測試，就是兩隻腳同時分別站在兩個磅上面，便可以清楚量度到每隻腳在站立時的重量是否一樣。

另外，如果本身有扁平足的人士，最常見的就是壓力會偏向內側，令到內側膝關節出現痛楚，身體亦出現不平衡的情況。如果身體出現不平衡，便出現某些肌肉的緊張，時間久了，不僅會使肌肉僵硬酸痛，還會造成腰椎兩側受力不均，導致腰背疼痛，同時壓迫脊柱和周圍神經，影響心肺功能。因此良好的站姿，應該下巴稍回縮，腹部微微收緊，骨盆稍微向前。如果有扁平足，就要佩戴合適的矯形鞋墊，才能令到站立時腳步壓力可以得到均衡分佈。

如需長時間站立工作，最好其中一隻腳踏在 10-15 厘米高的踏板上，每隔一會換腳，雙腳交替，以減少腰椎的負荷。我亦會建議病人當站立超過 15 分鐘之後，就應該走幾步，避免小腿出現繃緊情況，並防止靜脈曲張。

第四個姿勢就是坐着（Sitting），也是對椎間盤最有害的姿勢！坐着時，脊柱承載 150% 的壓力，坐着身體前傾（如使用電腦）時，脊柱承載 250% 的壓力。坐着的時候椎間盤受力最大，一般人每天若坐着不動超過兩小時，日積月累下，椎間盤的受損非常嚴重。我建議大家坐着一小時之後應該站立，走一走，喝喝水，或去一次洗手間，令椎間盤可以放鬆一點。如果真的要坐着，記緊找一個比較合適的背墊來承托背脊。還有，雙腿微微屈曲，這樣可以增加腰椎弧度。盆骨少許前傾，對腰骨健康也有幫助。椅子不宜「太深」，坐下時臀部能把椅子坐滿，讓腰背部完全緊貼着椅背。兩腳記緊要能平放地面，如果椅子太高，就可以放一個腳踏來幫助，切忌雙腳懸空。

治療方法

如何確診及治療椎間盤突出症？

椎間盤突出症是因為脊骨之間的椎間盤因老化、外傷、姿勢不良、過度勞累造成肌肉緊繃、肌腱發炎及不當用力而使纖維環破裂，導致中間的髓核出現向後及外側脫出，突入椎管或椎間孔，壓迫相鄰的脊髓或神經根。如果沒有處理，就容易出現腰痛及頸痛。時間久了而沒有做適當的檢查及治療，就可導致壓着脊椎出現不同的痛症、手腿麻痺、下肢無力及活動能力受損。椎間盤突出症常發生在腰部及頸部，引起病發的原因，主要是因為突然的脊椎負荷改變，尤其是快速彎曲，側屈或旋轉。

醫生可以從磁力共振檢查之中，了解到椎間盤突出有多少。椎間盤突出可分為四個等級代表嚴重性：

第一（輕度）膨隆型（Bulge），又稱膨出型，纖維內層部分破裂，但外層仍完整，髓核向椎管局限性隆起，但表面光滑。

第二（輕至中度）突出型（Protrusion）。這個情況下纖維環完全破裂，髓核向椎管突出，但後縱韌帶完整。

第三（中度）脫出型（Extrusion），纖維環完全破裂，髓核已穿破後縱韌帶並進入椎管內，而呈現表面高低不平，但與原本的椎間盤並未完全斷離。

第四（嚴重）脫垂游離型（Sequestration），髓核已完全突破後縱韌帶並全部或部分碎片脫入椎管內，與原本的椎間盤完全斷離。

這四種椎間盤突出的類型，可以讓醫生作出診斷，考慮病人需要作甚麼治療。但從我的多年治療椎間盤突出的經驗，很多時候不能單單倚靠磁力共振的報告，因為亦要考慮病人的實際症狀，來決定治療的方向。

有時候，一些病人的磁力共振報告可能顯示是嚴重的脫垂游離型，但他的病徵非常輕微，手腳趾只有輕微麻痹，走路可以超過 1 小時，站立及坐下亦沒有任何痛楚。在這個情況下，只需要做一些保守治療已經足夠。相反我亦有一個案例，這個病人的磁力共振是最輕度的膨隆型，但他的病徵非常嚴重，包括腿部從臀部伸展到腳趾，走路只能走 5 分鐘就要坐下。站立時痛楚更嚴重，只能維持 1 分鐘。這個情況下其實很多醫生都理解不到為甚麼磁力共振看起來非常輕微的突出，病徵卻極度嚴重及複雜。治療方面亦需要特別處理，不能輕視。

我已經略略談了一點椎間盤突出的病徵。大家要了解的是椎間盤突出是神經線受壓而發病，所以病徵一定和神經受傷有關。脊椎神經分為感覺神經（Sensory）及運動神經（Motor）。感覺神經受損時會出現：

1. 痛的感覺，例如刺痛、電擊痛、針拮、酸痛、冤痛。
2. 麻痹感覺，例如螞蟻咬、多支針拮麻（Pins and Needles）、好像有紗布包着、大範圍沒有感覺。
3. 溫度差別，例如灼熱火燒的感覺、冰冷的感覺。

最奇怪的是這些感覺可以跑來跑去，今日在這裏，稍後又轉去另外一個地方。有時好像沒有問題，但過了一會病徵又再回來。你會問，病徵這麼飄忽，跑來跑去，豈非無法醫治？這又未必，因為既是神經線受損的問題，所以這些痛、麻都會跟着神經線的分布而跑來跑去。例如，頸椎第六節神經線受壓迫，痛或麻的地方會從頸到肩膊之後，再到手臂至拇指及食指。如果是腰椎第五節神經線受壓，痛或麻痹會從腰部走到臀部，再到大腿外側、小腿外側，直至腳的大拇趾。從這裏，醫生就可以大約了解到壓着神經的情況有多嚴重。

運動神經是負責肌肉活動功能，包括我們的手及腿部活動。如果椎間盤突出壓着了運動神經線，自然會出現手腳無力，走路容易累、拿東西也感覺困難乏力。一個好的測試就是請病人用腳踭走路，如果出現困難，可能是L5（腰椎第五節）的運動神經線受損。醫生也會做一些肌肉測試去了解每一組肌肉的力量，以評估神經受壓的嚴重性。

剛才說了病徵，是時候要詳細講解檢查的方法。首先是問症，即是了解病人的情況，由他去詳細講解發病的原因，是否曾受創傷，還是沒有任何原因，連自己也不記得幾時受過傷？用心聆聽，問多一點關於他的身體狀況，包括其他病痛，例如糖尿病、高血壓、腸胃問題、情緒問題、失眠問題等等。在我的多年經驗，從問症其實已經可以診斷到七成的病症。之後就要做檢查，找出病人所說的情況與臨床檢查符合的地方，而作出正確的判斷。

一般頸椎及腰椎間盤突出，會做一些骨科物理治療評估（Orthopaedic Physical Assessment），當中包括頸部及腰部活動範圍測試，看看有沒有痛楚或活動範圍減少，之後就會檢查手及腿的感覺神經及運動神經是否正常，包括麻痺或激痛的位置，手部及腿部肌肉力量有否減少，最後亦要進行一些中樞神經系統的測試如反射、平衡力等。

此外，亦會做一些專門針對檢查脊椎狹窄症、椎間盤突出的測試。有一個常用的測試就是直抬腿試驗（Straight Leg Raising Test）。檢查時將患者腳伸直並上舉，正常人可到 80-90 度仍沒有腳痛現象，腰椎間盤突出時腳上舉 30 度以上就可因神經的牽扯而腳痛加劇，嚴重時腳拇趾上抬或下壓無力，甚至腳踝無法上舉形成垂足，典型的病例常見於青壯年因腰部操勞，或有急性的腰部扭、創傷造成腰部及下肢的放射性疼痛。這些椎間盤突出及神經線檢查有很多種，不能在此逐一講解，但它們可以幫助醫生作出正確的斷症。

醫生也會安排病人照 X 光。X 光檢查也是一個非常重要的項目，特別是針對檢查脊骨健康問題。因為 X 光可顯現骨骼結構，可以看出是否有脊椎骨的病變，如骨折、關節變形、側彎或滑脫等，嚴重或久症的椎間盤突出者 X 光更可看見椎體與椎體之間的間距。

如果情況嚴重，X 光未能看到軟骨及椎間盤組織，便需要做磁力共振造影或電腦斷層掃描檢查。這些檢查可將脊椎、脊髓、神經根、軟骨等結構顯露無遺，更可做出三度空間的重組顯像，使病況清晰呈現，可真正的看到突出的部位。

當醫生得到所有的資料，他便可以詳細了解情況，然後決定採取甚麼的治療。治療通常分開兩種，第一就是保守治療，即是非入侵性的方法，包括服用中西藥物、物理治療、脊醫治療、中醫推拿理療、運動治療、骨骼營養補充等。第二就是入侵性治療，包括注射藥物及做手術。

一般患上椎間盤突出症的病人會先做保守治療，大約做 3 個月看看有沒有效果。至於脊醫的治療，可以包括獨特的手法矯正，它的好處是可以幫助脊椎關節回復正常的活動能力。很多時椎間盤突出的起因是本身脊骨關節出現錯位（Subluxation），令關節活動能力受阻。如果錯位嚴重便會壓着脊椎神經線。日積月累後，椎間盤也容易受影響，出現退化，纖維環破裂，慢慢髓核突出而引致椎間盤突出症。所以矯正是非常重要的一環，亦是作為脊醫的必做治療。

隨着科技發達，一些儀器亦會幫助椎間盤突出症及脊椎狹窄症，例如減壓床（Decompression Table）。它跟一般的牽引床有分別，因為減壓床的功能是輕輕的活動脊椎，可以是自動，或以人手去操作，令到椎間盤可以慢慢修復。在外國，這些減壓床非常受歡迎，很多脊醫都會為病人用減壓床醫治椎間盤突出症，目的是打開脊骨中間的空間，減少中樞神經及脊椎神經的壓迫。大家要記着，物理治療、脊醫治療、中醫治療都需要時間才可見效果，所以不能太心急。

運動治療及營養補充對椎間盤突出脊椎狹窄症也是非常重要的！我在短片裏常常做運動，因為運動可以是最好的藥物。**每天做合適的椎間盤突出症及脊椎狹窄症運動，就可以減輕椎間盤的壓力，也可以令到脊椎管道擴闊了**。美國有位著名的物理治療師麥根基（McKenzie），發明了麥根基椎間盤治療法，用向後屈曲運動把突出來的髓核收縮，從而醫治椎間盤突出症。研究亦發現，每天做適當的運動，是最有效幫助椎間盤突出的方法，亦可預防椎間盤突出症的發生。

至於營養方面，因為椎間盤由二型膠原蛋白所造成，很多營養師都會建議患椎間盤突出症人士多吃一些二型膠原蛋白食物，以幫助椎間盤修復。這類食物包括骨湯、魚、雞、牛、蛋白、果仁、蒜頭、藍莓、橙、檸檬、豬皮、花膠、海參、鳳爪、任何動物軟骨及筋部。這些食物可以幫助椎間盤修補，一些比較忙的人士，未必可以每天進食豐富的膠原蛋白食物，便可以選擇用營養補充劑，例如水解膠原蛋白補充劑、膠原蛋白二型補充劑，每天吃也有同樣甚至更好的效果。

若做了 3 個月保守治療但病徵越來越嚴重，就需要考慮入侵性治療，可以包括類固醇注射及手術治療。由於手術日新月異，亦不是我的專科，所以不適宜詳細講解。一般手術都會由骨科或神經外科醫生去進行，他們會參考磁力共振的結果，及骨科物理治療檢查，去決定哪一種的脊椎手術最適合。

成因及病徵

椎間盤突出跟脊椎狹窄症的分別？

有些病人當見醫生時，醫生解釋說他是患上了脊椎狹窄症，但磁力共振的報告卻說有椎間盤突出（Protusion）的情況，於是令到病人很疑惑：究竟我有椎間盤突出還是患上脊椎狹窄症呢？

這個情況應該詳細向大家解釋一下。**椎間盤突出是椎間盤向後移而壓着神經線，所有年紀的人士都可以患上。**但是脊椎狹窄症是指脊椎的管道收窄了，令到中樞神經出現受壓，不只是神經根，而是中樞神經線受到壓迫。這個情況通常年紀稍大，大約 55 歲以後才會發生。為何會令到管道狹窄呢？通常是有四種情況同時出現：

1 椎間盤突出，上一篇已經講解了。

2 是包着脊椎管道的韌帶（稱為黃韌帶）出現老化及鈣化，造成過厚的情況，而令到管道收窄了。

3 脊椎出現退化性滑脫。每節的脊椎骨好像積木一樣，一個疊一個，是有連貫性的。但在退化的情況下，上面一節的脊骨就會向前移，叫做滑脫。在這個情況下管道就會出現收窄。

4 脊骨因長期勞損，令到軟組織出現磨蝕情況，因此造骨細胞會開始啟動，骨質便在脊骨的周邊增生，鈣化和造成骨刺。骨刺可以生在脊骨管道裏，椎間盤位置，或者脊骨前面的表

層。如果骨刺增生在脊骨管道裏，就容易令到脊椎管道狹窄。

以上 4 個不同的原因都會造成脊椎管道狹窄，如果狹窄的情況越來越嚴重，出現一些痛症或病徵，就會稱為脊椎狹窄症。

因此，患了椎間盤突出未必會有脊椎狹窄症，但脊椎狹窄症的患者通常會包括了椎間盤突出這個情況。脊椎狹窄症的患者通常都有一些特徵。除了手腳麻痹、腿無力、手腳無力之外，走路時身體會向前屈曲，我們說的是購物車症狀（Shopping Cart Sign）。顧名思義，走路的時候好像推着購物車，身體屈曲，慢慢走，不能挺直。很多家人會怪責這些患者（通常都是長者），為甚麼你走路不能挺直，常常屈曲，好似隻烏龜？家人們不明白，原來屈曲身體走路，可以令到脊椎管道增加闊度，減輕痛楚。反而挺直或向後屈曲會令到脊椎管道更加狹窄，非常痛楚。所以如果當患上脊椎管道狹窄症，如果有不適或情況加劇，我都會提醒他們向前屈曲，以減輕痛楚。

說起脊椎狹窄症，其實它的重要是因為脊椎管道負責保護中樞神經系統，任何一節包括頸椎、腰椎或胸椎出現狹窄，都會影響身體很多功能。有時病人會說他們走路好像浮下浮下，不穩定，容易跌倒。這可能就是頸椎狹窄症所導致的。因為當頸椎管道收窄了，腦部的神經不能暢順地傳達訊息到腿部，令到走路的感覺比較飄忽、模糊，所以很多長者患上這個病時，他第一時間會說走路時好像飄下飄下，令他們不敢外出，因為擔心會跌倒。檢查腰椎可能未必找到原因，但檢查頸椎就可能會發現有狹窄症的情況。

嚴重狹窄症其實相當可怕，因為可以令到中樞神經溶化，即是神經系統出現嚴重受損，神經細胞流失。嚴重者需要立刻用手術去令到管道擴大及穩固脊骨。

舒緩運動 1

針對椎間盤收縮

麥根基腰椎伸展

這個運動是椎間盤收縮運動，每天做可以令到突出的髓核自然地收回。顧名思義這個運動是由著名物理治療師麥根基所發明。他主張脊椎向後屈曲可以醫治椎間盤突出症。

1.

趴在瑜伽墊上，
俯臥。
手肘屈曲。

重複做三組，每天可以做三次

3.

可以的話，
把手肘貼向身體，
手盡量再拉高一
點，數十下，
然後放鬆。

2.

頭和上身抬高
數十下，
然後放鬆。

舒緩運動 2

針對椎間盤收縮

麥根基頸椎伸展

這個運動是麥根基出名的頸椎椎間盤收縮運動。透過這個動作，頸椎神經線就可以避免受壓迫。做雙下巴的時候，記得要慢慢來做，不要過分用力來縮膊頭。每天重複做，便有效果。

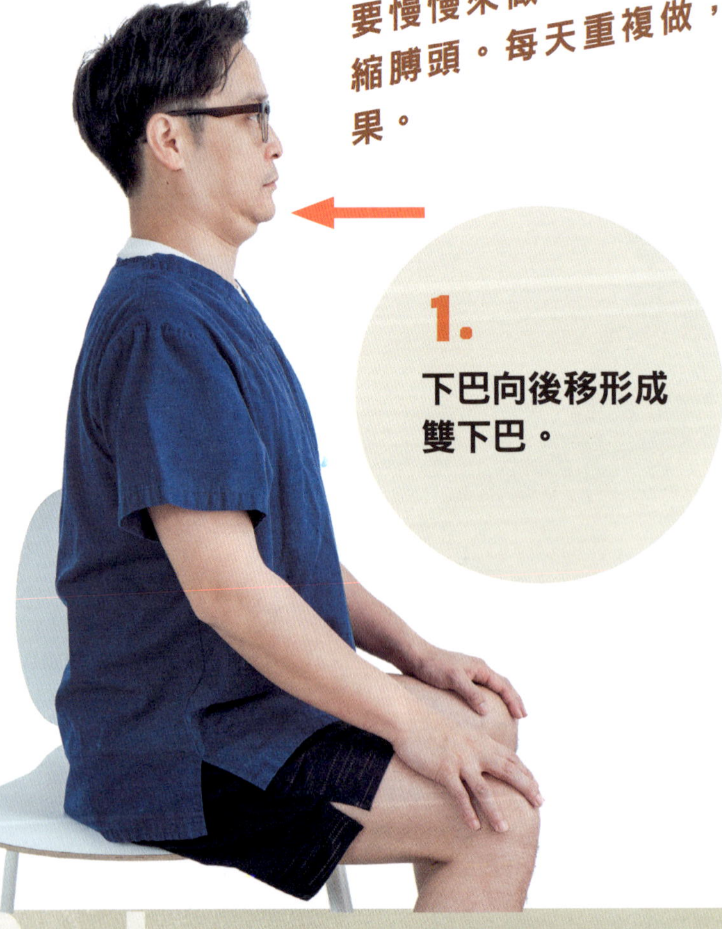

1.

下巴向後移形成雙下巴。

重複做三組，每小時可做一次

2.

把頭輕輕抬高一點，雙下巴要維持到感覺頭部後方的張力，然後輕輕向上伸延，你會感覺到腦後的枕骨有點繃緊。

3.

數五下，然後放鬆。

舒緩運動 3

針對腰椎狹窄症

雙腿抱膝

這個運動目的是擴闊狹窄的腰椎管道。最適合早上起床時做，因為睡了一晚，腰骨、臀部及腿部都會繃緊。透過這個運動，可以放鬆這些肌肉避免受壓迫。

1.

躺下仰臥。

重複做三組，每天可以做三次

雙腿屈曲抱向胸口數十下，然後放鬆。

如未能抱膝可抱大腿內側。

舒緩運動 4

針對腰椎狹窄症

坐着向前伸展

當你長時間坐着，例如工作或吃飯，當想站立時，必須預先做這個運動來減少腿痛及腰痛。這個運動可以擴闊腰椎的管道，減少脊椎受壓。

1. 坐在椅子上，雙腳打開。

2.

雙腳向前屈曲，俯身，雙手放在腳腕上方。

3.

頭向前望，數十下，然後放鬆。

重複做三組，每小時可做一次

舒緩運動 5

針對腰椎狹窄症

死了的蟲

這套動作就如蟲子死掉，是一個強化核心肌肉運動。當患上腰椎狹窄症時，鍛鍊好的核心肌肉就可以保護腰椎，減少腰痛及坐骨神經痛。這個運動一日做一次已經足夠。

1.

躺下仰臥。

做的時候
一定要收腹，
令核心肌肉收緊。

重複做三組，每天可以做一次

2.

左腳屈曲，
右腳伸直，
收縮腹肌。

3.

放下，
右腳屈曲，
左腳伸直，
左右做十次，
然後放鬆。

舒緩運動 6

針對腰椎狹窄症

橋式

這個運動是強化臀部和核心肌肉。臀部肌肉越強，越可以防止盆骨出現移位、亦可以減輕腰椎狹窄症所帶來的痛楚。這個運動一日做一次已經足夠。

1.

仰臥，
膝蓋屈曲。

2.

慢慢把臀部提起，
但記住不能
提得太高。

3.

把兩個臀部收縮，
數五下，
然後放鬆。

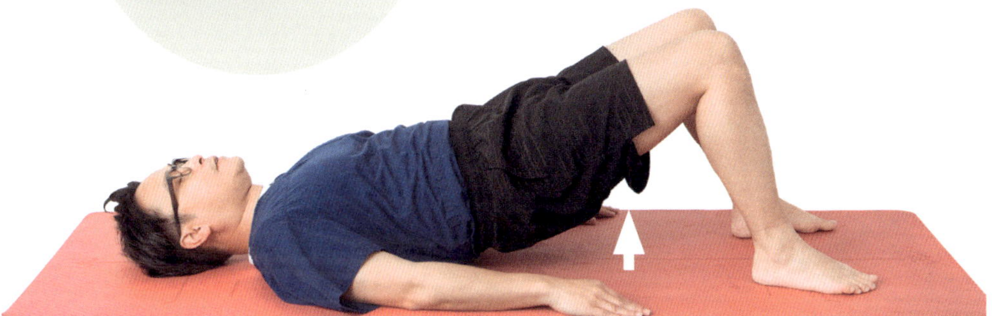

錯誤示範

加強版：單腳橋式

1.

仰臥，
膝蓋屈曲。

2.

慢慢把臀部提起，
但記住不能
提得太高。

重複做三組，每天可以做一次

3.

右腳伸直，
數五下，
然後放鬆。

4.

左腳伸直，
數五下，
然後放鬆。

舒緩運動 7

針對腰椎狹窄症

兒童式

這個運動可以伸展到豎脊肌的肌肉。豎脊肌是用來保護我們的脊骨，避免我們做運動的時候受傷。這個運動可以在地墊或者在床上做。

1.

俯臥在地上，如圖。

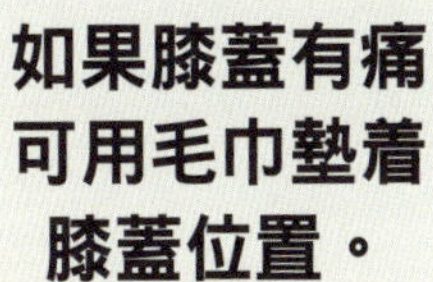

如果膝蓋有痛
可用毛巾墊着
膝蓋位置。

重複做三組，每小時可做一次

2.

手伸直，
臀部慢慢坐在
小腿上。

3.

數十下，
然後放鬆。

舒緩運動 8

針對頸椎間盤突出

手貼着牆，頭向一邊轉，伸展手臂

這個運動是針對頸椎神經線受壓而出現手麻痺人士。做的時候記得要慢慢來，首先把頸轉向一邊，如果沒有問題，就可以再把身體轉向45度來做這個運動。做的時候會感覺到手臂會有麻痺的感覺，這是正常的。因為這是伸展我們頸部出來的神經線。

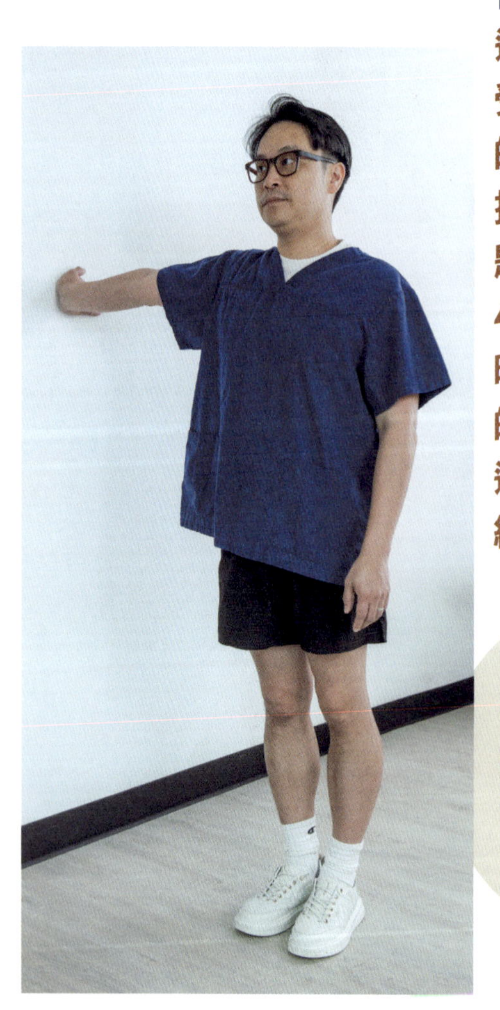

1.

右手貼着牆，手指向後挺直。

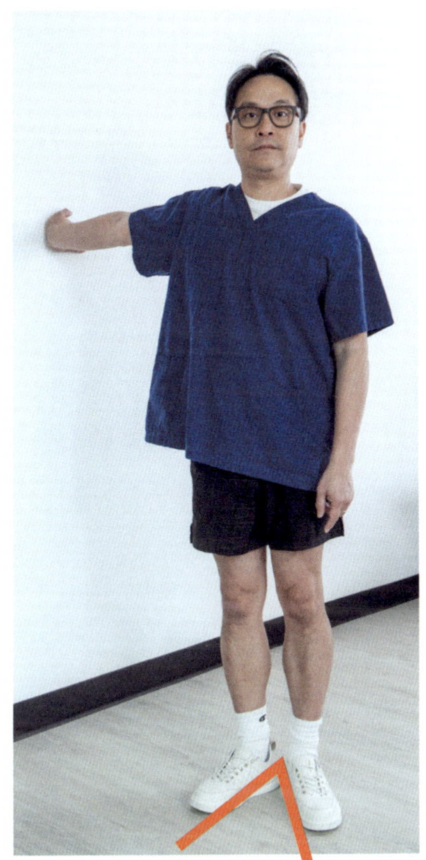

2.

把盆骨向左轉大約 45 度。

3.

把頭轉向左邊數十下，然後放鬆。

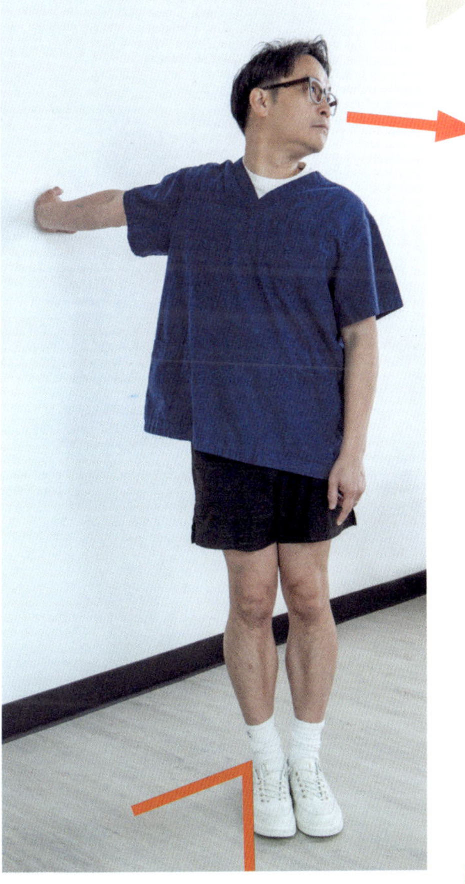

4.

左手貼着牆，
手指向後挺直。

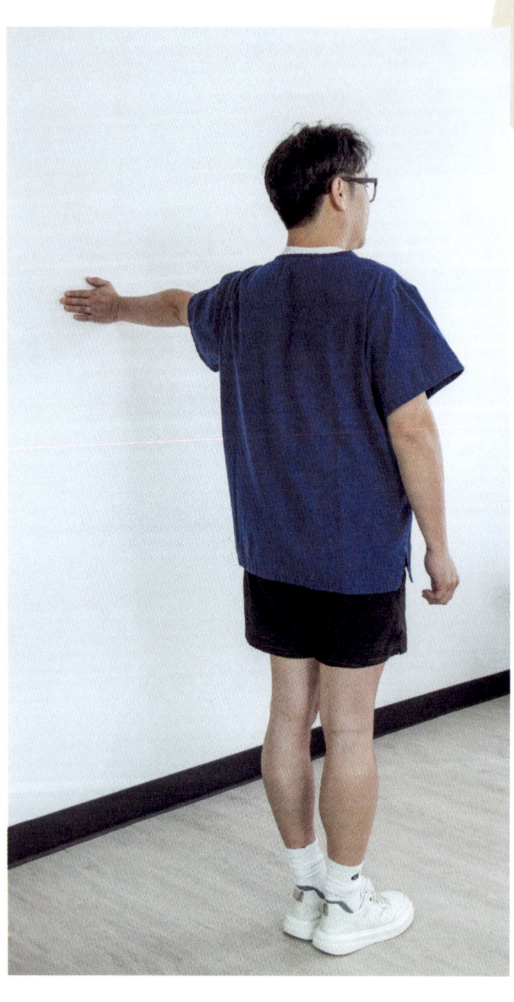

5.

把盆骨向右轉
大約 45 度。

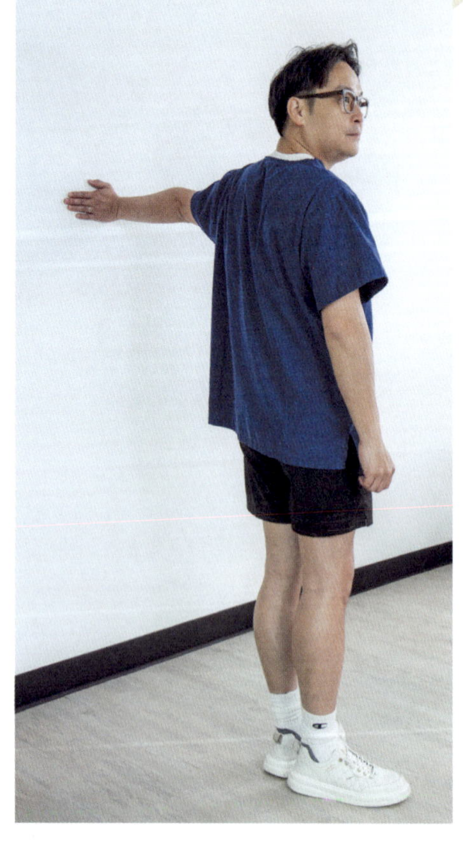

兩邊重複做三組，每小時可做一次

6.

把頭轉向右邊數十下，然後放鬆。

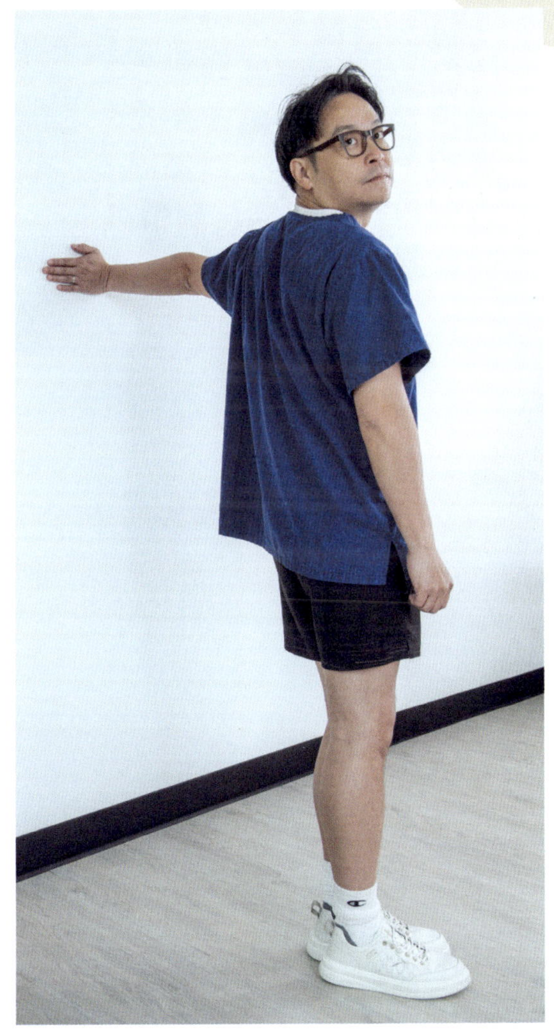

舒緩運動 9

針對頸椎間盤突出

胸鎖乳突肌伸展

這是一個簡單伸展胸鎖乳突肌運動。胸鎖乳突肌主要負責頸部左右旋轉。如果這個肌肉可以放鬆，自然減少了頸緊膊痛及手麻痹的情況。

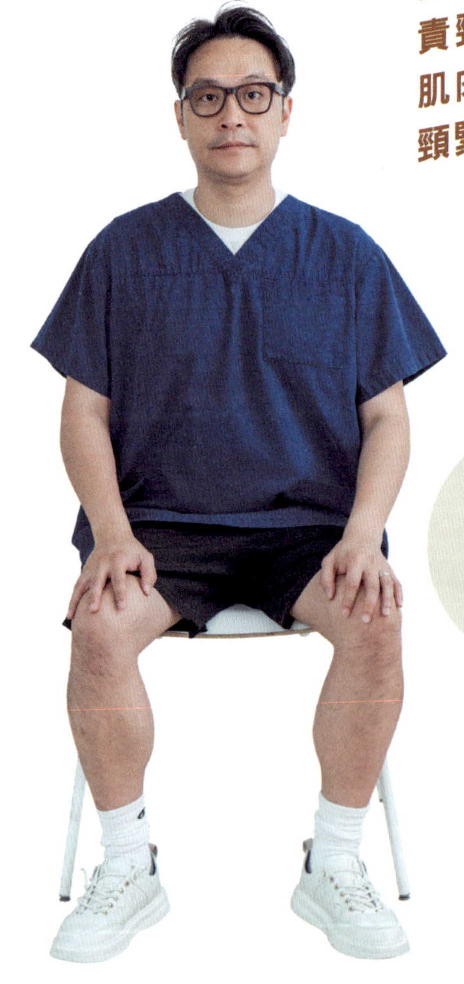

1.

坐直。

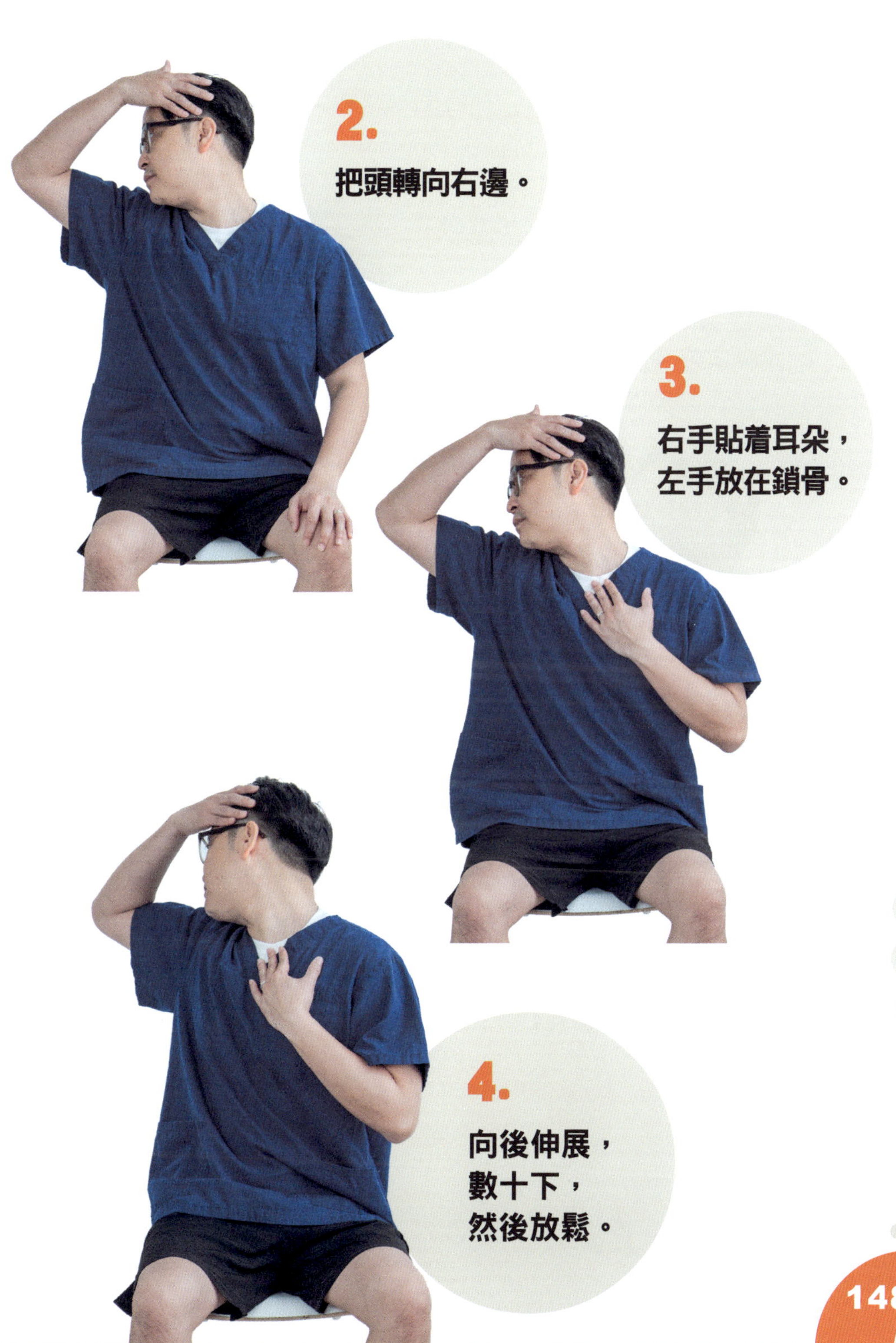

2.

把頭轉向右邊。

3.

右手貼着耳朵，
左手放在鎖骨。

4.

向後伸展，
數十下，
然後放鬆。

5.

繼續坐直，
把頭轉向左邊。

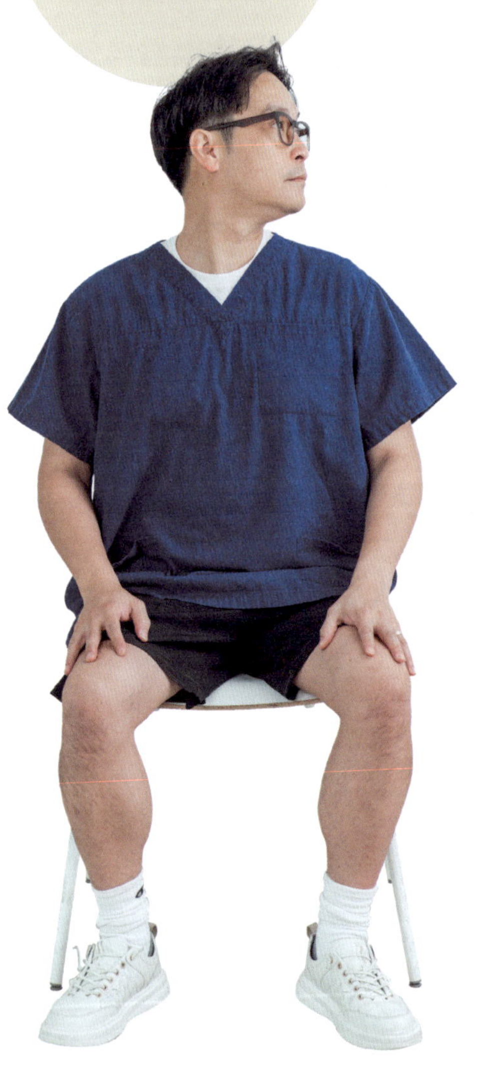

6.

左手貼着耳朵，
右手放在鎖骨。

兩邊重複做三組，每小時可做一次

7.

向後伸展，數十下，然後放鬆。

Chapter 9

膝關節痛

第九章

膝關節的結構

膝關節是人體一個可以屈曲的關節，在大腿及小腿之間，結構上包含了股骨（Femur）、脛骨（Tibia）、腓骨（Fibula）、髕骨（Patella）、前後十字韌帶（Anterior and Posterior Cruciate Ligament）、內側及外側副韌帶（Medial and Lateral Collateral Ligament）及半月板（Meniscus）、膝關節滑囊（Bursa）、膝關節液體（Synovial Fluid）。而包圍着膝關節就有不同的腿部肌肉，包括股四頭肌（Quadriceps）、脛前及後肌（Anterior and Posterior Tibialis）、膕繩肌（Hamstrings）、腓腸肌（Gastrocnemius）及其他比較細小的肌肉組織。

膝關節的主要功用就是支撐身體。你可能有所不知，膝關節在人類的站立、走路、跑步、跳動時，常常扮演了非常關鍵的角色。例如走路時，膝關節不會完全伸直，微微屈曲才能減輕震盪、增加靈活度。站立時，膝關節會維持穩定，膝肌肉會收緊，作小幅度調節，以保持平衡。上下樓梯時，透過膝伸肌的運動，使膝、髖關節能夠交替屈伸，才能完成屈膝行走的動作。

而穩定結構的工作就由腿骨、軟骨組織、韌帶和肌腱等組織負責。髕骨俗稱膝蓋骨，位於股骨及脛骨間，前後十字韌帶負責連接股骨與脛骨，能夠穩定膝關節。脛骨表層是由軟骨組成，兩側各有半月板，外側及內側就有副韌帶包圍着膝關節，令到關節更穩定。膝關節活動是需要腿肌肉收縮及放鬆，膝關節才可以做出屈曲、伸直、外旋及內旋等動作。當中膝關節的滑囊就是幫助肌肉韌帶減少磨擦及勞損。

膝關節軟骨本身具有承受壓力並吸收震盪的能力，直到開始受損為止。半月板及韌帶在運動時承受非常大的壓力，所以是最易受傷甚至撕裂的軟組織。

膝關節內外半月板是由纖維軟骨組織構成的兩個墊，可分散膝關節內小腿脛骨和大腿股骨之間的摩擦力。半月板頂部向下凹陷，底部平坦並包覆脛骨關節面上。半月板可分散身體的重量並減少運動過程產生的摩擦。一般來說，半月板會隨着年齡增長開始出現退化，慢慢出現退化性撕裂。這些情況在長者身上非常普遍，亦常常導致上落樓梯出現痛楚的情況。

另一個重要的膝關節軟組織就是兩條十字韌帶，負責維持膝關節穩定。前十字韌帶連接股骨與脛骨，限制脛骨向前移位，以及控制膝關節的旋轉、內翻、外翻及彎曲，對於進行激烈運動（尤其是需要跳躍、轉動或急停的運動）特別重要。

後十字韌帶位於膝關節的後方，連同前十字韌帶呈交叉狀。後十字韌帶的功能相反，限制脛骨向後移位，以相反的動作保持關節的穩定。相比之下，後十字韌帶撕裂的機會比前十字韌帶低，通常因交通意外等原因，令脛骨受到猛烈撞擊才會引致撕裂。

最後的重要膝關節軟組織就是膝側副韌帶。這是一對連結在膝部內側和外側的堅固軟組織，分別稱為內側副韌帶和外側副韌帶。它們主要的功能是於膝部進行正常活動時防止膝關節向兩側擺動，保持膝關節穩定。膝側副韌帶受傷常見於運動創傷，例如膝部在球類運動中從側面被撞擊，或是患者跳起後着地扭傷。有患者亦會因在走路摔倒時腳踏地不正確而使韌帶拉扯受傷。

成因及病徵

膝退化、勞損、創傷的分別？

膝關節痛症可分為（一）退化性、（二）勞損性及（三）創傷性等類別。每一種都有不同的病徵及治療方法。

退化性關節痛就是因為膝關節的軟組織出現磨蝕，令到空間減少。之後因為每天要走路及活動，腿骨之間的軟組織出現磨蝕流失，導致痛楚產生。最常見的就是很多長者常常遇到的退化性關節炎。

退化性關節炎跟年紀有關，軟骨組織包括半月板、韌帶和軟骨會隨着年齡增長變得薄了、勞損及流失。一般情況下痛楚會在膝關節內側發生，早上起床時關節會出現僵硬（晨僵），上落樓梯會出現內側膝關節疼痛，間中會出現紅腫發熱，下雨天情況更嚴重。日子久了而沒有妥當處理這問題，膝關節便會變形為 O 字腿。檢查退化性關節最常用的方法就是照 X 光，因為 X 光可以看到脛骨、股骨及髕骨的距離，若發現空間減少了或者有骨刺，便可確診為退化性關節炎。

第二類膝關節痛的原因是筋腱及軟骨組織受到勞損。勞損跟日常活動有關，包括跑步、跳舞、行山、打籃球、網球、哥爾夫球、工作需要搬動物件、蹲下或跪着工作或做家務。另外，久坐少活動也可出現筋腱勞損，因為筋腱會黏着，令到活動範圍受阻，當要正常走路或活動時，筋腱自然就更容易受傷。常見的筋腱勞損痛症有髕骨股骨疼痛症候群、髕骨軟化症、鵝足肌腱炎／鵝足滑囊炎、髕骨肌腱炎、貝克氏囊腫、膝蓋滑囊炎等等。勞損痛症一般的病徵是紅腫脹痛，有時某個位置會特別酸痛，前膝頭及外側的膝關節會容易出現痛楚。最明顯就是上落樓梯會有疼痛，或者屈曲膝關節時，會聽到膝關節發出「啪啪」聲，但未必會痛。另外當問到病人發病原因時，他們都可講出一些有機會產生這些痛症的運動或工作、家務的動作等。

創傷是第三類膝關節痛的原因。創傷包括意外扭傷、撞傷、快速扭動或急停而導致膝關節裡的軟組織，包括前後十字韌帶、半月板、內外側副韌帶出現撕裂。撕裂亦可以分不同級數及嚴重性：

第一級（輕度）：韌帶扭傷，其結構完整

第二級（中度）：韌帶部分撕裂

第三級（重度）：韌帶完全撕裂

現在逐一講解不同膝關節軟組織撕裂的情況。首先是前十字韌帶撕裂，這條韌帶主要是在維持膝關節的穩定性方面起着至關重要的作用，尤其是在運動和扭轉性膝部活動中。在踢足球時，腳部的扭動動作是導致前十字韌帶受傷的最常見原因之一。前十字韌帶撕裂的症狀包括：（一）屈曲膝關節時會有腳軟；（二）膝蓋會腫脹和疼痛；（三）活動幅度減低或無法走路；（四）撕裂時會有「啪」一聲；（五）感到膝關節內有爆炸裂開的感覺。

之後再講解後十字韌帶，它主要有兩大作用，防止小腿往後移動，讓大、小腿能接合穩定，不會鬆動分離，像是在跑步急停時提供支撐等等。交通意外是其中一個常見撕裂原因，撞車或會令脛骨受到猛烈撞擊，或者跌倒時撞擊到膝蓋前方，讓小腿直接受到撞擊，導致脛骨過度後移，造成撕裂或全斷。後十字韌帶撕裂的症狀包括：（一）會出現腫脹，但比較輕微；（二）膝關節在上落樓梯時不穩定；（三）上落樓梯或走較長的路時會出現疼痛。前十字韌帶撕裂的機會比後十字韌帶高，因為前十字韌帶受傷多數跟運動受傷有關連。

半月板是每個膝蓋內兩塊平躺的新月形橡膠狀軟骨。半月板的主要作用就像一塊墊片，可分散膝關節活動時帶來的負荷。撕裂成因可以是因為一次嚴重的受傷，例如滑雪意外或跌倒已可令半月板撕裂。不過，由於半月板常處於非常惡劣的環境下，而且每天生活也要承受巨大的壓力，因此簡單如從坐着站起或上一級樓梯，也可令半月板撕裂。

另外，隨着年齡增長，半月板會逐漸退化變軟，有點像芝士成熟透了乾了便很容易撕裂。這就是退化性撕裂。半月板撕裂的症狀包括：（一）活動時發出「啪啪」聲；（二）活動範圍受限制；（三）關節有卡住的感覺（無法伸直或屈曲膝蓋）；（四）膝蓋任何一側疼痛；（五）關節線部位腫脹，連觸碰也出現痛楚。

膝內側副韌帶位於膝關節內側，作用是提供膝蓋內側的穩定性，減輕膝蓋外翻時受到的壓力。受傷的原因可以是受到外膝關節的撞擊、運動受傷，包括籃球、足球、滑雪，或膝蓋退化。因為膝蓋內側受壓力比較大，磨損亦較多，容易生骨刺。內側副韌帶撕裂的症狀包括：（一）關節內側疼痛和觸及痛楚；（二）膝關節活動時會出現鎖定或卡住的情況；（三）關節不穩定——膝關節乏力或有乏力的感覺。

外側副韌帶是膝關節外側的主要支撐韌帶，該韌帶可在膝關節推向外側時保持關節的穩定性。外側副韌帶損傷通常是膝關節內側受外力壓迫所致，最常發生於進行各種體育活動，也可因關節過勞或年長人士跌倒所致。外側副韌帶撕裂症狀包括：（一）拉筋時會令膝關節外側不適；（二）膝關節外側疼痛腫脹；（三）觸及受影響韌帶上方部位時感到疼痛；（四）膝關節乏力。

至於治療方面，首先可評估痛症的急切性，例如屬於急性還是慢性關節炎疼痛。如果患處出現紅腫發熱等的急性炎症症狀時，可以使用冰敷減輕症狀。若患處的疼痛減輕了，沒有發熱及發紅的急性症狀，可以使用熱敷紓緩痛楚。一般來說，退化性關節炎是一種慢性疼痛病，所以用熱敷的方法較佳。

如有韌帶或半月板撕裂情況，輕度即可以用 RICE 療法，休息（Rest）、冰敷（Ice）、以布織繃帶壓迫固定（Compression）及把腳抬高（Elevation）。

其他的保守治療例如藥物治療可減少痛楚或減輕炎症。但要注意，非類固醇消炎止痛藥具有消炎和止痛作用，但副作用包括腸胃不適、腸胃潰瘍甚至傷腎等，因此患者必須按醫生的指示下使用。

第二類常做的物理治療例如衝擊波、超聲波、遠紅外線都有明顯的幫助，特別對跟腱勞損、創傷、韌帶撕裂非常有效。

而運動對於治療關節退化、跟腱勞損產生的痛症，及創傷造成韌帶撕裂的痛症非常重要。運動一定要做強化腿部肌肉，包括四頭肌、臀中肌、膕繩肌、腓腸肌。透過肌肉強化，就可以保護到膝關節減少痛楚。特別是如果上落樓梯時有痛楚，就更加需要強壯的腿肌肉來協助。脊醫的矯正方法亦可以幫助退化性膝關節病人，因為如果脊骨、盆骨或髖關節出現錯位，就會影響到膝關節的運作，加劇退化。

如果做了三個月物理治療，效果也不理想，就要考慮藥物注射或手術。膝關節藥物注射主要有三種，分別為透明質酸（打啫喱、玻尿酸）、高濃度血小板血清（PRP）和類固醇。這些注射是針對退化膝關節退化或膝關節勞損及撕裂的情況。至於手術方面，如果嚴重退化就可以做換膝關節手術，嚴重的韌帶或半月板撕裂，亦需要用手術方法修補。

治療方法

如何保養關節健康？吃什麼才有用？

膝關節營養保養非常重要。膝關節是由骨頭及軟骨組織組成，包括韌帶、半月板、軟骨、筋腱及肌肉。很多膝關節病都是因為退化、勞損、扭傷而產生。所以當受了傷的時候，就應該有足夠的營養去補充受損的軟骨，以加快康復。另外，如果軟骨出現磨蝕退化，就更加需要補充營養去防止繼續退化。

針對膝關節營養，最重要是攝取足夠的蛋白質，因為關節軟骨中約有三分之一是由膠原蛋白所構成，因此攝取足夠的蛋白質就能提供身體合成膠原蛋白所需的材料。含豐富蛋白質的食物包括黃豆製品、魚、海鮮、肉類、蛋、奶類。

除了蛋白質外，維他命 C 原來也可以促進身體合成膠原蛋白，番石榴、橙、檸檬、其他柑橘類生果、奇異果、青椒、甜椒等都含有豐富的維他命 C。

其他重要的礦物質例如硫（Sulphur），原來是構成關節軟骨必備的營養素，含有硫的食物包括洋蔥、大蒜、韭菜、蘿蔔、十字花科蔬菜等，其中十字花科蔬菜所含的蘿蔔硫素（Sulforaphane）在研究當中發現能延緩軟骨磨損速度。

至於油方面，可以多攝取奧米茄三脂肪酸（Omega-3），因為它能幫助減少發炎的產生，我建議大家每周至少吃兩次鯖魚、秋

刀魚、三文魚或沙甸魚。而亞麻籽、亞麻籽油、牛油果油、堅果也有很豐富的 Omega-3 脂肪酸。

骨骼營養亦非常重要，因為隨着年紀，我們的骨骼會出現骨質疏鬆，特別在股骨的位置。三種可減少骨質疏鬆的重要的營養元素就是鈣、維他命 D 及維他命 K2。含豐富鈣的食物有牛奶、乳酪、芝士、豆腐、杏仁、無花果、綠色葉菜、沙甸魚、三文魚、果仁及種子類如奇亞籽等。維他命 D 可以幫助骨骼吸收鈣，最豐富維他命 D 的來源就是太陽光，我們應曬足夠的太陽，一星期可以曬兩次，每次 15 分鐘。另外含豐富維他命 D 的食物包括紅肉（牛肉、羊肉）、肝臟、蛋黃、含豐富油脂的魚。最後，有很多人不知道，原來要骨骼營養好，防止骨質疏鬆，就要吃多一點含豐富維他命 K2 的食物，包括納豆、德式酸菜、蛋黃、肝臟、綠色葉菜、肉類、麵豉等。

研究亦發現，如果多吃彩虹顏色蔬果，由於它們含有各種不同的植化素，能幫助抗氧化、抗發炎，有助於減少身體的發炎反應。有一些香料包括葱、薑、蒜、洋蔥、辣椒、薑黃、八角、孜然、茴香、羅勒等，也有抗發炎的作用，可以抑制身體發炎的源頭。

而在煮食方面，必須避免促發炎食物，例如精製糖、高溫烹調或煎炸食物，及加工食品包括火腿、午餐肉、腸仔等，這些食物有機會增加發炎反應。

很多人患上退化性膝關節炎都跟膠原蛋白流失有關。究竟膠原蛋白是甚麼呢？膠原蛋白（Collagen）是身體中重要的蛋白質組成成分，佔人體中蛋白質量的 20%，擁有很強的伸展能力，是韌帶的主要組成之一，除了使關節能夠靈活運用外，也能讓肌膚維持彈性，防止產生皺紋。人體裏的膠原蛋白分為許多型態，而第二型膠原蛋白則是組成人體各關節軟骨等結締組織和各部位潤滑液的成分。含豐富第二型膠原蛋白的食物包括雞、魚、牛、動物軟骨、花膠、海參、動物筋類、蛋白、骨湯、高維他命 C 蔬果、綠色葉菜等。

一些都市人未能攝取足夠的二型膠原蛋白，就可以選擇服食二型膠原蛋白補充劑。當中可以選擇水解膠原蛋白（Hydrolysed Collagen）或第二型膠原蛋白。

有些人會問，是否還有葡萄糖胺可以幫助退化性關節炎？在這 20 年裏，葡萄糖胺已成為醫生常常配給患膝關節痛人士的營養補充劑。多年研究亦發現葡萄糖胺可以幫助減慢退化。不過，葡萄糖胺有可能引起過敏反應，所以敏感症患者需注意。事實上，葡萄糖胺由於萃取的來源可能為蝦蟹殼，若對海鮮過敏者，在食用時可能會引發過敏反應。其次，多數的葡萄糖胺產品含鈉量較高，若為心血管疾病者，就必須注意攝取量，而且相關產品可能會造成輕微的腸胃道副作用。另外值得注意，葡萄糖胺可能會影響藥物的作用，例如，使用抗凝血藥物華法林若併用葡萄糖胺，可能會導致藥物作用增強，進而延長凝血時間，增加出血的風險。

現今市面上護膝補關節的產品琳瑯滿目。在選購時，建議以大廠品牌和擁有相關專利認可的品牌為優先考量。同時，應看清楚成分與來源，而且要留意使用相關產品的劑量，會隨着年齡、性別、健康狀況、生活方式等有所不同。除了遵循產品的說明與指示，使用前也可以詢問藥劑師、醫生或醫療相關專業人士。

舒緩運動 1

針對膝關節痛

坐着踢腿

這是針對強化股四頭肌的運動。當這組肌肉強化後，就可以保護膝關節令到走路或上落斜坡及樓梯時不會有痛楚。如果感覺有力，太容易做到，就可以小腿綁着沙包，再做來增加強化效果。

1.

坐在椅子上。

2.

把腳踢出
踢 20 下，
然後放鬆。

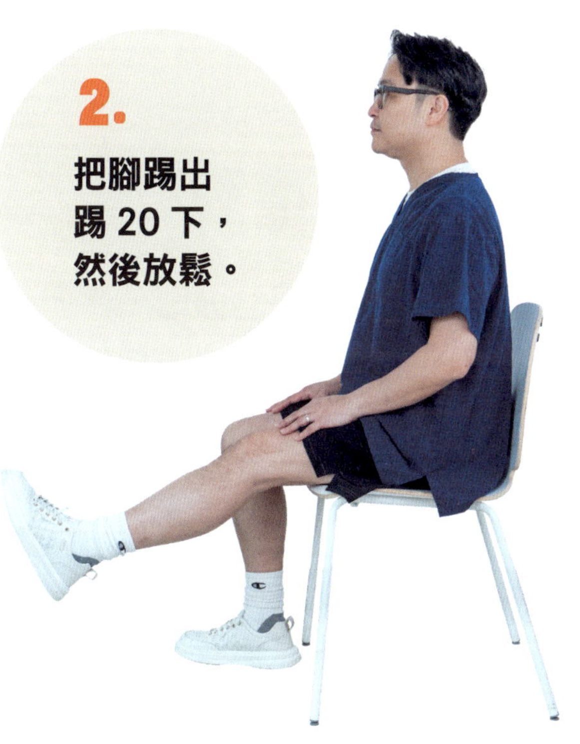

3.

換另一隻腳
踢 20 下，
然後放鬆。

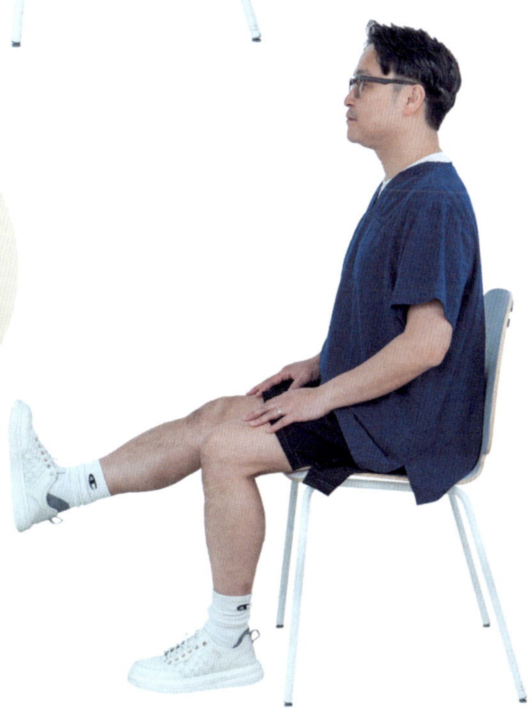

舒緩運動 2

針對膝關節痛

無影凳運動

這個運動主要是強化股四頭肌、膕繩索肌和臀部。開頭做的時候，不要屈曲膝關節太多，避免受傷。維持 1 分鐘至一分半鐘已經足夠了。可以增加膝關節的屈曲成接近 90 度，便會得到更好的效果。強化膝關節肌肉好處就是可以減少膝關節痛。

1.

背部貼着牆或櫃。

2.

慢慢屈曲膝蓋，留意膝蓋屈曲不要到90度，約比90度多一點就可以了，維持一分鐘。

3.

如果想挑戰自己，可以提起腳趾，再維持一分鐘。

重複做三組，每天可以做兩次

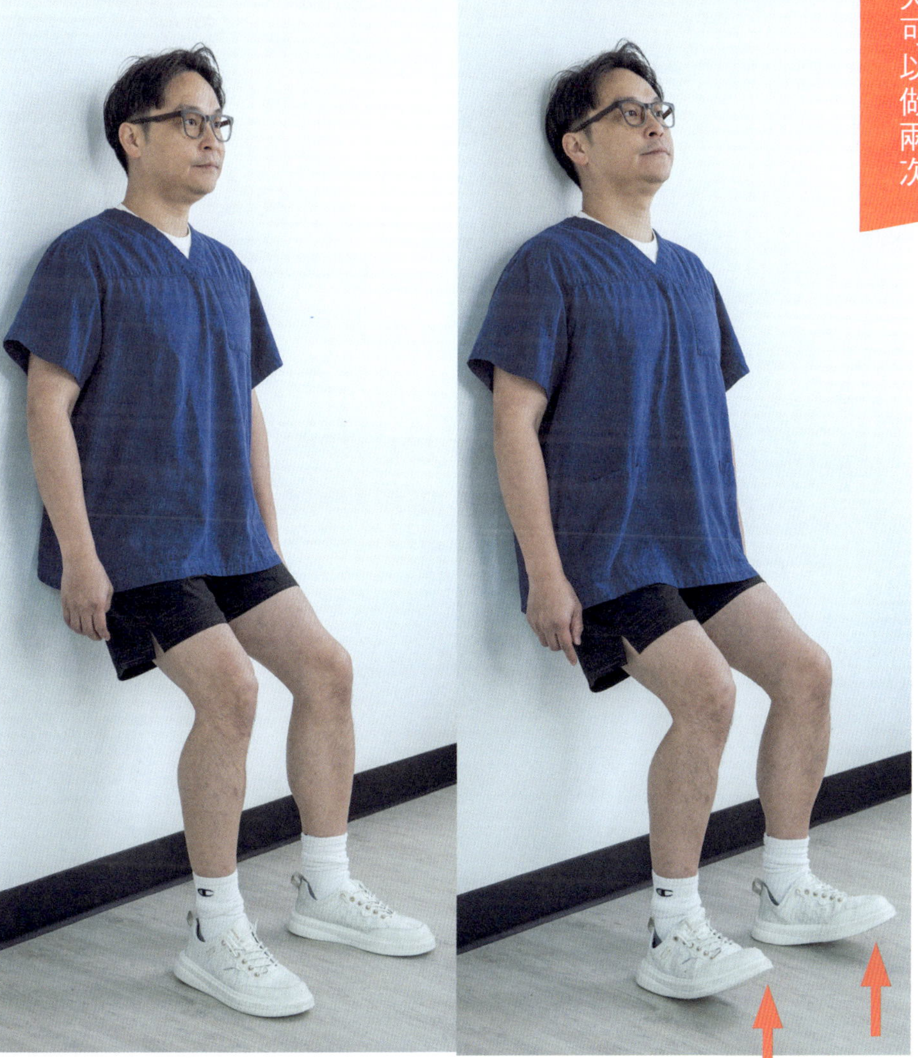

舒緩運動 3

針對膝關節痛

椅子深蹲

這是一個深蹲運動，專為初學深蹲或長者而設。因為背後有一張椅子，萬一初學者或長者做深蹲的時候突然沒有力，都可以坐在椅子避免跌倒。坐着椅子做深蹲的過程中，可以訓練正確的深蹲方法，就是用臀部肌肉來發力，而不是用膝關節屈曲肌肉來發力。好處就是當臀部肌肉變成有力，就可以防止膝關節痛。

注意：
量度的時候，背部要直，不可以屈曲。

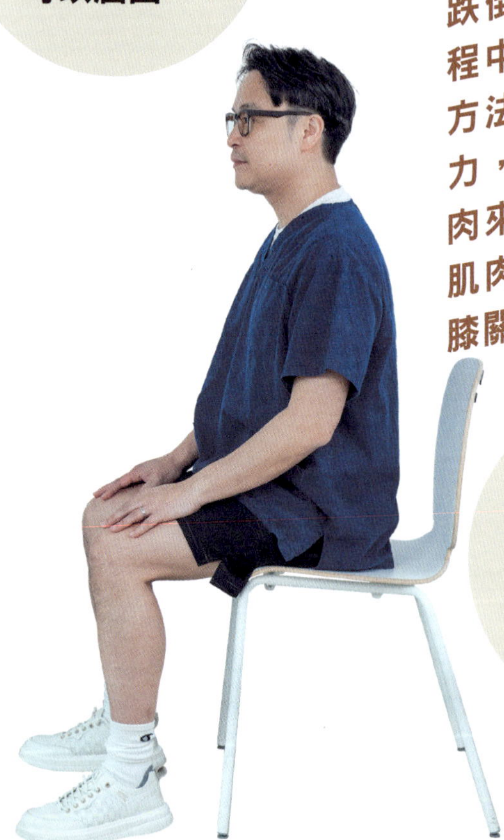

1.

預備一張椅子，坐在上面，量度位置。

2.

站起來，
然後慢慢坐下。

3.

記緊蹲下的時候，
膝蓋的最前端不
可以超越腳趾尖，
以免增加膝關節壓
力。

重複做五組，每天可以做三次

舒緩運動 4

針對膝關節痛

等長收縮股四頭肌

這個運動最適合長者因膝關節痛及患上退化性半月板撕裂來做的。這種等長收縮強化方法，可以增加股四頭肌的肌肉力量，又不會傷到膝關節附近的韌帶及軟組織，所以非常適合膝關節剛剛受傷或退化性關節人士做。

1.

用毛巾捲成圓條狀，放在膝蓋下。

2.

將膝蓋向下推，強化股四頭肌，數十下。

雙腳重複做三組，每天可以做三次

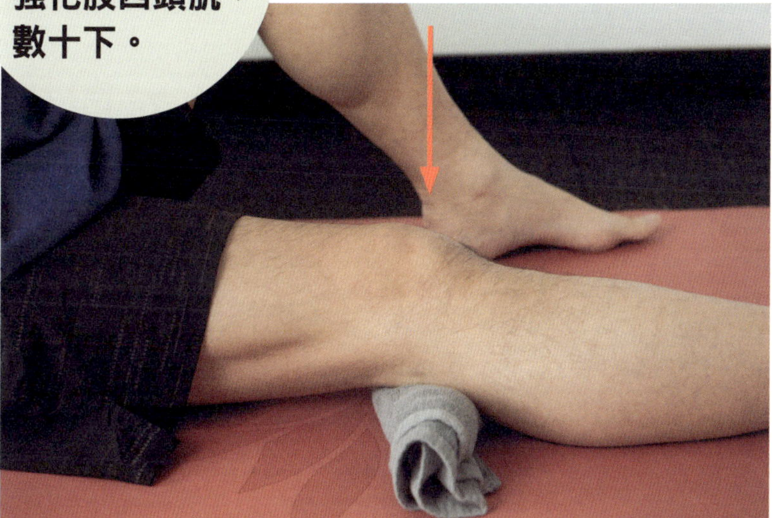

3.

放鬆，換腳。

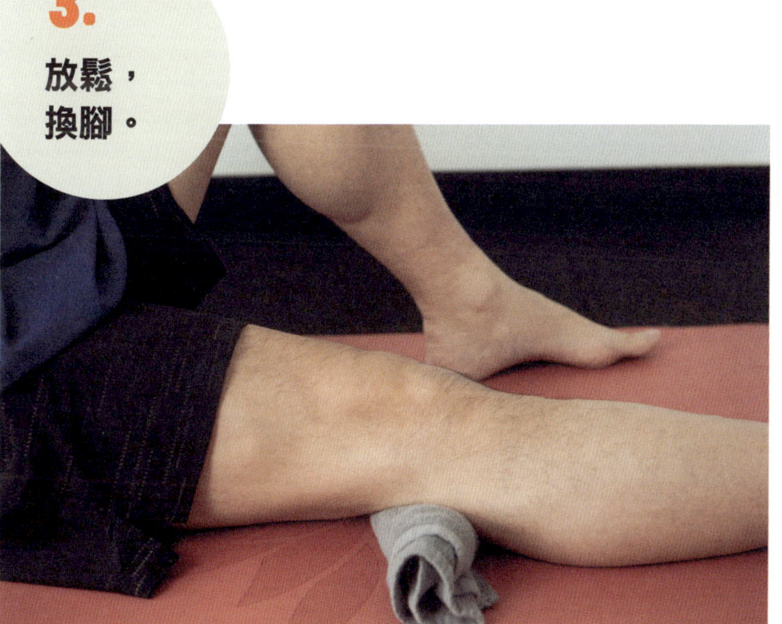

舒緩運動 5

針對膝關節痛

站着強化臀部肌肉

這個運動是強化臀大肌和臀中肌。這兩塊肌肉是用來穩固下肢，防止走路時跌倒，亦可以幫助膝關節痛人士上落樓梯時減少痛楚。

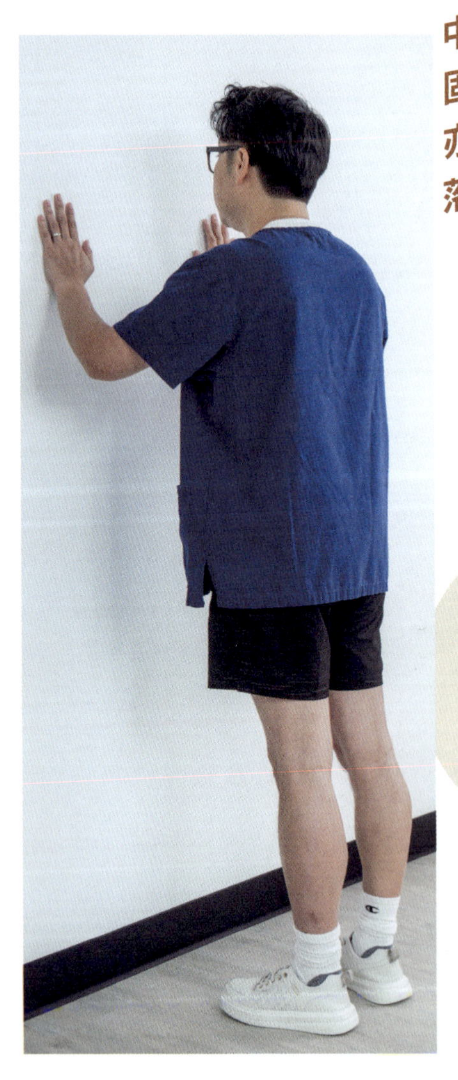

1.

手碰着牆或櫃。

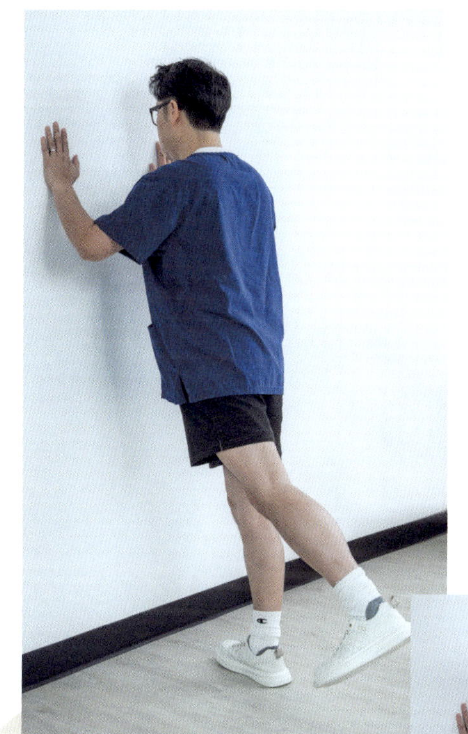

2.

左腳伸直，慢慢向後踢，腳要伸直，記緊是用臀部的力量
踢十下，然後放鬆。

3.

踢右腳，記緊右腳要直，踢十下，然後放鬆。

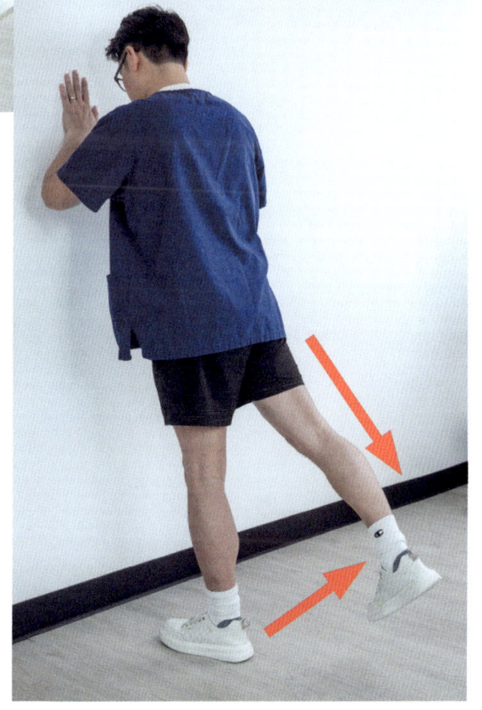

進階版

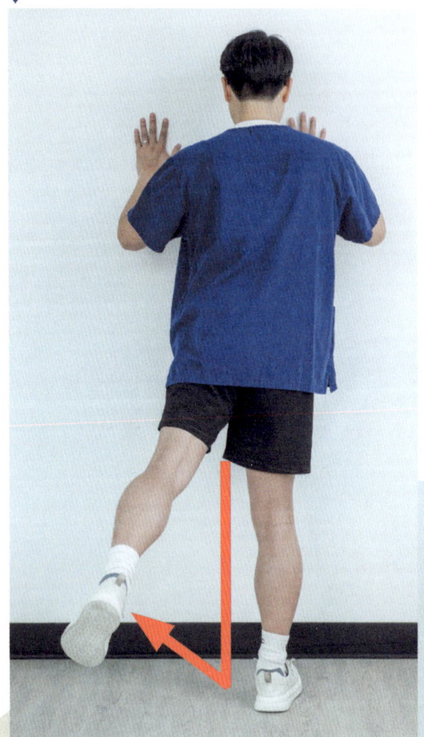

1.

利用臀中肌的力量，
把腳向外踢，
呈 45 度踢十下，
然後放鬆。

2.

踢右腳，踢十
下，然後放鬆。

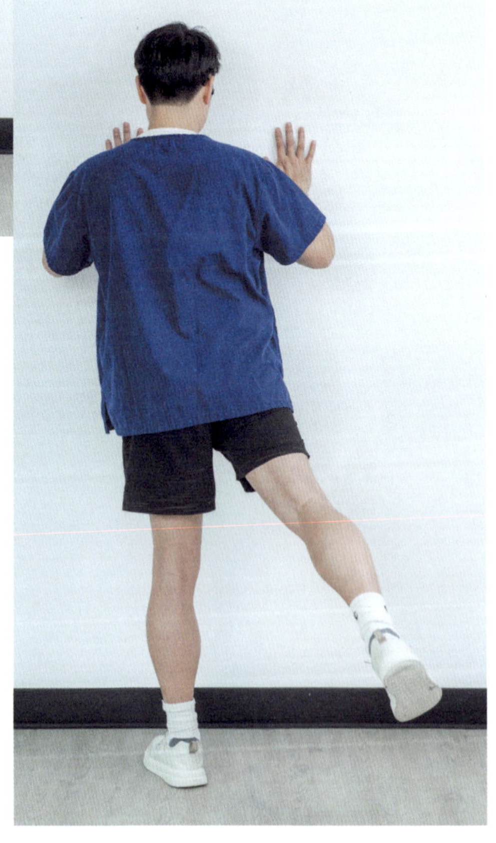

重複做三組，每天可以做三次

錯誤示範

舒緩運動 6

針對膝關節痛

趴着踢腿

這是一個輕鬆及簡單的強化膕繩肌和股四頭肌運動。因為關節屈曲幅度不大，做這個運動時不會出現痛楚，適合韌帶及半月板受傷或退化關節炎人士做。

1.

俯伏在地上，踢腿。

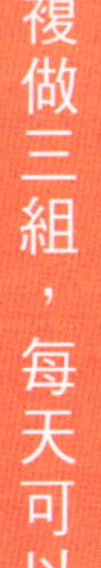

2.

踢 20 下，然後放鬆。

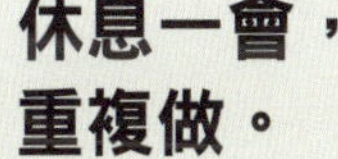

休息一會，重複做。

舒緩運動 7

針對膝關節痛

弓箭步強化腿部

這是一個非常全面的下肢強化運動。一次過強化臀大肌、臀中肌、股四頭肌、膕繩肌、腓腸肌等。這個運動可以教導身體如何用肌肉來控制膝關節屈曲，防止膝關節再繼續因勞損而受傷。

1.

先踏出弓箭步。

左右腳重複做三組，每天可以做兩次

2.

左腳屈曲，右腳向後伸直，記緊左腳屈曲後膝蓋最前端不可以超越腳趾尖，以免增加膝關節壓力。換右腳屈曲，做十下，然後放鬆。

注意：

做的時候記緊身體要挺直，千萬不要寒背。如果想挑戰自己，不妨手裏拿兩個水樽或啞鈴，然後再做這個屈曲動作。

錯誤示範

舒緩運動 8

針對膝關節痛

用筋膜槍按摩膝關節

這是教授如何正確使用筋膜槍來按摩膝關節附近的肌肉包括股四頭肌、臀部肌肉、腘繩肌、髂脛束、小腿肌肉等。可以每天用筋膜槍去紓緩肌肉繃緊，減少膝關節的痛楚。

1.

打開筋膜槍的開關，調節至力度最輕的度數。

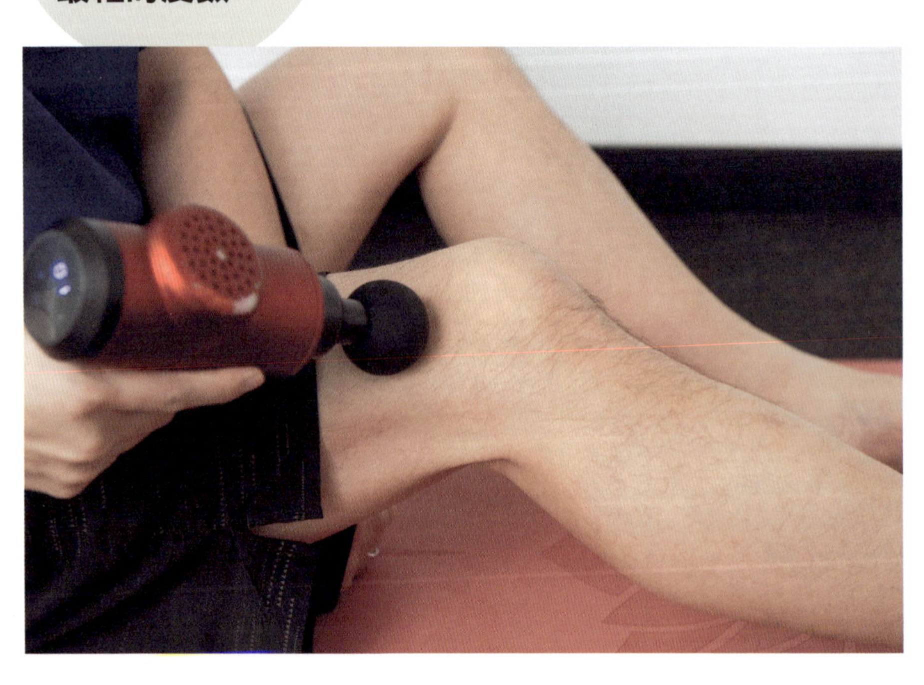

雙腳重複做三組，每天可以做兩次

2.

按摩膝關節週圍的肌肉，特別是股四頭肌。股四頭肌旁邊每個位置維持大約 30 秒，之後轉另一位置。

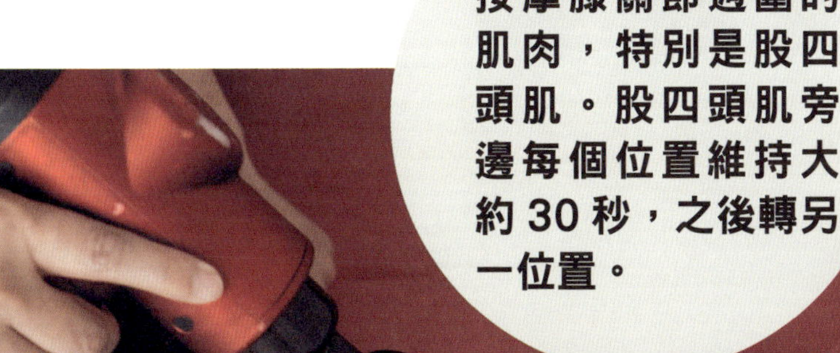

3.

按摩小腿，不需要太大力，同樣每個位置停留大約 30 秒，之後轉另一位置。

整體按摩時間，大約股四頭肌做 10 分鐘，小腿也做 10 分鐘。

舒緩運動 9

針對膝關節痛

站立強化小腿

這個運動是針對強化腓腸肌及比目魚肌，兩塊非常重要的小腿肌肉。強化小腿可以幫助膝關節避免上落樓梯時受傷。做的時候千萬不要心急，當肌肉開始有力後，可以用沙包綁起小腿增加強化效果。

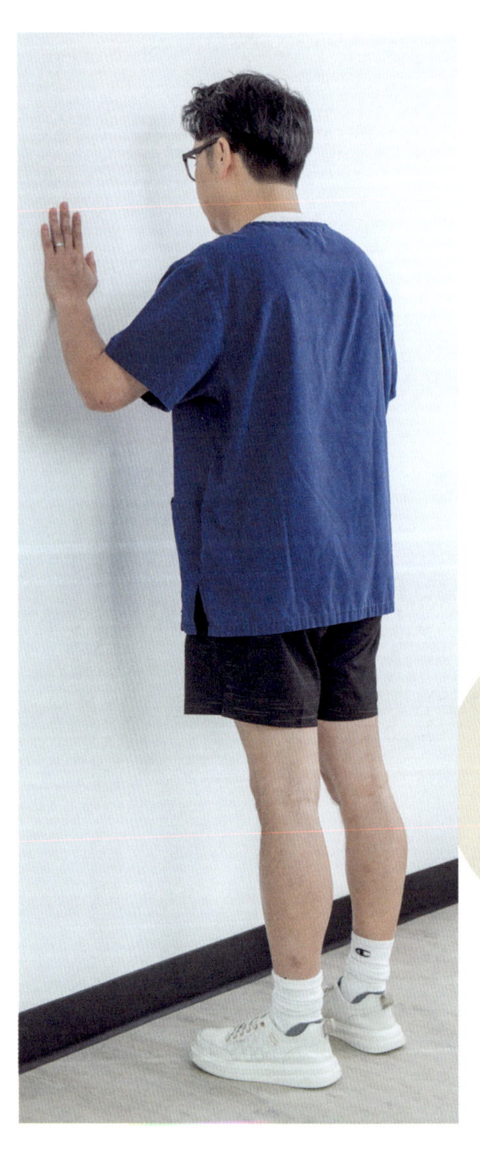

1.

貼牆站立，
手碰着牆或櫃。

重複做三組，每天可以做兩次

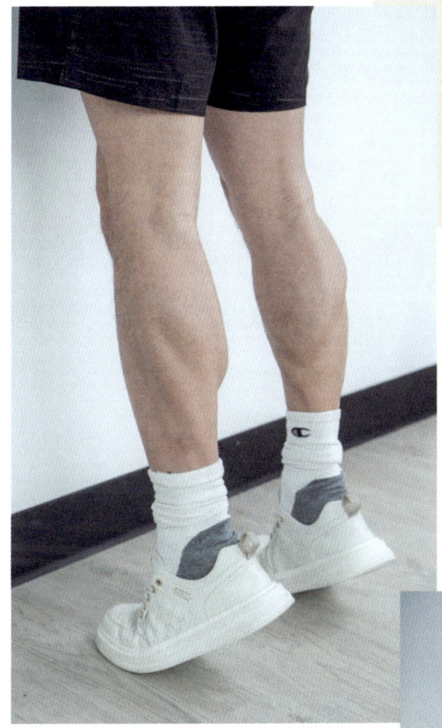

2.

提起後踭，然後放下。

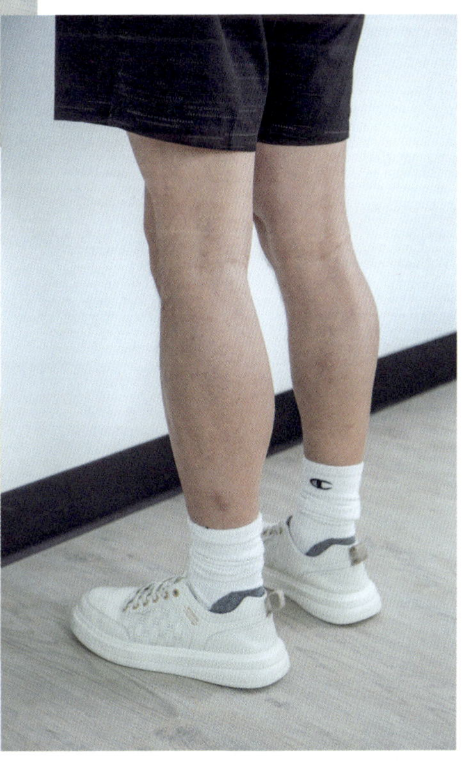

3.

提起後踭，放下，重複做 10 下，然後放鬆。

Chapter 10

足痛

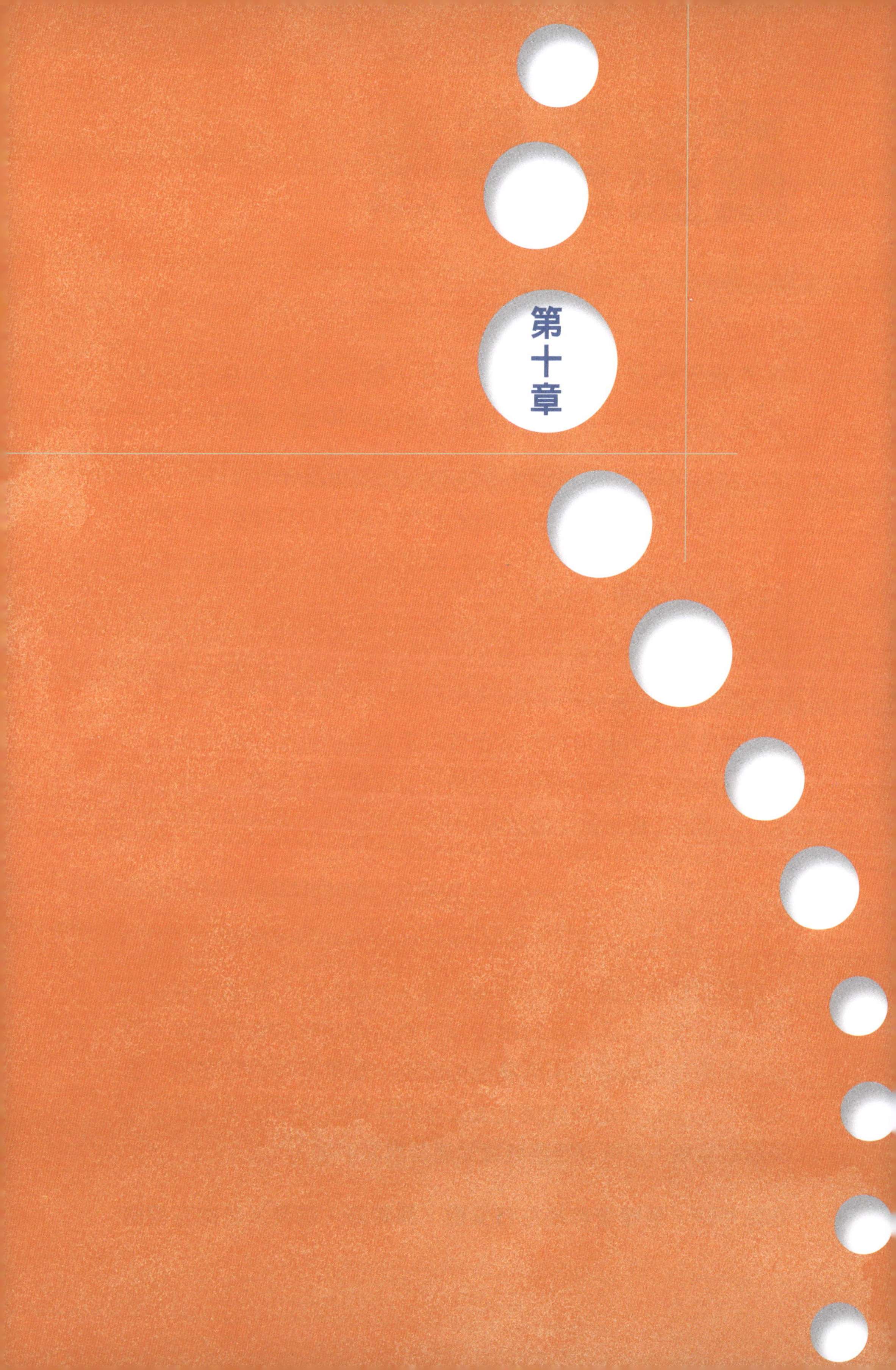
第十章

成因及病徵

足部最容易痛的位置

要了解足部最容易受傷的位置，就要首先知道足部的結構。足部劃分為三個區段：後足、中足、前足。

後足（Hindfoot）是由跟骨（Calcaneus）與距骨（Talus）所組成。後足是整個足踝結構的重要基地，向上方承接整個人體的重量。然而走路時，也是由後足先接觸地面，首當其衝，接受地面最大反作用力的衝擊。

中足（Midfoot）是由足舟骨（Navicular bone）、骰骨（Cuboid bone）及三塊楔狀骨（Cuneiform bones）所組成。中足就是形成腳底的足弓。足弓的作用是提供足夠穩定性與吸震的功能。中足若由於先天因素或後天勞損，造成穩定性衰退，常會出現足弓下陷即「扁平足」的狀況。

前足是由腳趾骨（Phalanges）與蹠骨（Metatarsal bones）所組成，主要負責行走時推蹬的動作。

足部骨頭經過堆疊，形成內側足弓、外側足弓、橫向足弓等三大足弓，這三大足弓系統構築起我們足底特有的穹頂結構。而足弓塌陷就是最常見引致痛症的原因。如果足弓出現問題，導致扁平足，自然走路時便失去正常的平衡。扁平足亦可以導致膝關節勞損，也可以出現膝關節痛及髖關節痛。

在走路時，身體會前後左右擺動，靠關節、韌帶及肌肉互相協

調，達至平衡狀態，我們才能如常走路。腳踝外側有前距腓韌帶（Anterior Talofibular Ligament，ATFL），屬於腳部最容易受傷的位置，如果這韌帶本身功能變差，又或由於各種原因斷裂，腳部未能承受身體的正常擺動，就有機會發生「拗柴」（足踝扭傷）。前距腓韌帶受傷時，踝關節也會受到影響，附近其他的韌帶、軟組織等都會出現紅腫脹痛等問題。

跟骨及後腳踭也是容易受傷的位置，因為我們站立時很多時小腿肌肉過緊，導致拉扯着我們的後踭的跟骨，出現足底筋膜炎。這個情況通常出現在早上起身，第一下足跟踏地時，便會出現後腳踭刺痛。如果自己再按摩着足弓內側位置，更會感覺到痛楚。

前足（腳前掌）的蹠骨及腳趾骨每天走路時都受到壓力及勞損，日積月累便容易出現前足痛。輕微的患者，可能在前足位置的腳趾、腳前掌、腳踭出現輕微的酸痛或不安。站立或走路時，痛楚會加劇。可以嘗試放一塊軟墊在前足，這樣就可以減輕前足踏地的壓力。如果是嚴重前足痛，需要見醫生，甚至服食消炎止痛藥，然後可再找足科矯形師，了解足部的壓力點，訂造一對矯形鞋墊，才可解決這個問題。

治療方法

扁平足需要處理嗎？

扁平足聽起來好像不是太大問題，但其實足弓失去了正常的拱形結構，會影響到我們日常走路的姿勢，令到膝關節勞損；盆骨出現移位，再而影響腰部、背部及整體脊椎的健康，牽連到一連串身體問題，而不是足痛、腳掌痛這麼簡單。

扁平足也分兩種類型，因此會為大家講解。首先是**功能性扁平足**，當腳趾及腳掌承受重量時，足部便會出現足弓塌陷的情況；當腳掌沒有承重時，足弓弧度則可回復正常。這個情況主要因為：第一，病人身體過重令到足弓受力過大；第二，筋腱力量不足，令到肌力不足以支撐足弓；最後是第三，脛後肌腱炎（Tibialis Posterior Tendonitis），炎症會影響脛後肌進行趾伸、腳內翻等動作，難以維持內足弓的形狀。

足弓塌陷分不同等級，由最輕到最嚴重：第一階段是腱鞘炎，足弓未見明顯塌陷；第二階段是足弓塌陷，無法做出單腳踮高腳尖的動作；第三階段是足跟外翻，前腳掌外展；第四階段是足踝關節受影響，內踝三角韌帶受傷。

第二種類型的扁平足是**結構性扁平足**。當患者沒有承重時，足弓依然出現塌陷的情況。主要成因包括：第一，先天性韌帶過鬆，因此未能有效固定足關節；第二；患上了先天的跗骨聯合症，令到距骨及足舟骨黏合（Talonavicular Coalition），跟骨和足舟骨黏合（Calcaneonavicular Coalition），或距骨和跟骨黏合（Talocalcaneal Coalition）。這些黏合令到足部出現結構性扁平足；第三是遺傳因素，父母患有扁平足，這個情況下，小朋友應該在六歲的時候開始做足科檢查，看看有沒有扁平足，如果有就應及早治療。

扁平足影響的並不只限於足底結構，全身的受力也會受牽連。扁平足會令足部會出現過度足旋前（Hyperpronation）的情況，影響膝蓋位置及引致到股骨內旋，影響站立姿勢及走路姿態。

有很多人不知道，其實扁平足亦會導致拇趾外翻。很多人以為穿着緊身或尖頭鞋才會出現拇趾外翻，其實研究發現扁平足會令足部過度足旋前，而令到拇趾壓力增加導致外翻的情況。因此拇趾外翻的患者也需要改善扁平足才可防止惡化。

當發現真的患上了扁平足，最好的治療方法就是配戴合適的矯形鞋墊去幫助提升足弓，令到它不再塌陷。矯形鞋墊有很多款，一種是市面常見的預先設定足弓（Ready Made）鞋墊。顧名思義，鞋墊的足弓位已經有微微拱起，來承托塌陷的足弓。好處就是非常方便，但因為不是度身訂造，有時候未必穿得舒服，效果亦未必最佳，適宜一些輕度扁平足或功能性扁平足人士使用。

第二種就是度身訂造扁平足鞋墊（Custom Made）。通常會有足科治療師為病人做足部評估，然後再倒模做一對度身訂造鞋墊。好處就是穿起來較舒服，又可以選擇不同物料、類型及款式，包括跑步型鞋墊、適合穿着上班鞋墊，或一般外出使用的鞋墊。另外如果有一些足部壓力點，亦可以加墊來幫助。總之就是度身訂造，但價錢比較昂貴和訂造需時，通常最少要兩至三星期。這些鞋墊最適合結構性扁平足人士使用，因為可以根據病情而做適當的調校。對小朋友來說，因為足部長得快，小朋友可能需要每一年換一對，因而加重了家長在經濟上的負擔。如果小朋友乖乖地穿着矯形鞋墊直至發育後，足弓就應該得到矯正。

一般來說，我會建議小朋友由六歲開始就做足部檢查，因為這時候足弓下脂肪層減退，便可以看到小朋友是否真的患上扁平足。愈早發現扁平足而作出矯正，可更有效幫助小朋友身體的發育，避免出現一連串其他身體問題，例如腿痛、膝關節痛、寒背、脊柱側彎等。因為小朋友的足部較為柔軟，配合矯形鞋墊，就可以真正有效改善扁平足。

運動也是非常重要的改善扁平足方法。可以做一些強化小腿及足部肌肉運動，另外亦需要伸展足底筋膜、腓腸肌、比目魚肌及阿基里斯腱（Achilles Tendon）。一些運動例如用按摩球按摩足底筋膜、腳趾夾毛巾、活動腳踝都可有改善扁平足的效果。

治療方法

如何治療足痛？

足痛有很多原因，可以是關節、骨骼、肌肉、韌帶出現問題。另外也要判斷是否屬於退化、勞損或創傷所造成。如果涉及足部結構例如扁平足，高弓足或日常步姿問題，便要考慮所有情況才可對症下藥去醫治。

醫生可以經過問症，骨科物理治療檢查（Orthopaedic Examinations），如有需要照 X 光或磁力共振來準確地判斷足部的問題所在。很多時候，足科矯形治療師也會利用電腦去分析足弓及腳底的壓力分佈，然後判斷足部是否有扁平足、高弓足或其他足部結構上的問題。一個我喜歡用的方法是觀察病人的步行姿勢，研究他們有沒有外八字或入字步姿。如果步姿出現問題便會引發其他足部、膝關節及髖關節的毛病。

治療通常有以下五種方式：

1. 用物理治療方法包括衝擊波、超聲波、暖敷、肌肉推拿按摩、針灸、電磁波來幫助紓緩肌肉發炎及痛楚。脊醫會用手法去矯正膝關節、髖骨及盆骨關節來改善移位。
2. 教病人做適合的運動，例如拉筋活動、肌力訓練、腳趾運動等來鍛鍊腳部及腿部肌肉及韌帶。研究發現，強化腿及腳部肌肉可以減少足部勞損或受傷的機會。
3. 配戴矯形鞋墊來提供適當的足弓支撐，維持足部結構，改善身體重心，確保足部平衡。穿着鞋墊可以幫助紓緩拇趾外翻，減少拇趾受到壓力而出現更嚴重的外翻情況。

4 服用或注射藥物來幫助止痛及消炎，減輕足痛。藥物對急性足痛非常有效，但通常都不建議服用太長時間。另外如果做了物理治療一段時間還不見好轉，繼續有劇痛，醫生通常都會建議注射類固醇來幫助止痛及消炎。

5 手術。當然在上述保守性治療都無法減輕不適或足痛越來越嚴重時，才會考慮手術。另外一些創傷例如骨折、韌帶完全撕裂及肌肉撕裂、嚴重的結構性扁平足或拇趾外翻已經超過 45 度，也可諮詢醫生考慮接受手術治療。

舒緩運動 1

針對足痛

用按摩球紓緩足底筋膜

利用按摩球來按繃緊的足底筋膜，好處就是減少足底筋膜因每天走路時和站立時的勞損，而出現繃緊及痛楚。建議大家每晚睡覺前做一次，也可以做之前先用暖水浸腳來增加舒緩效果。

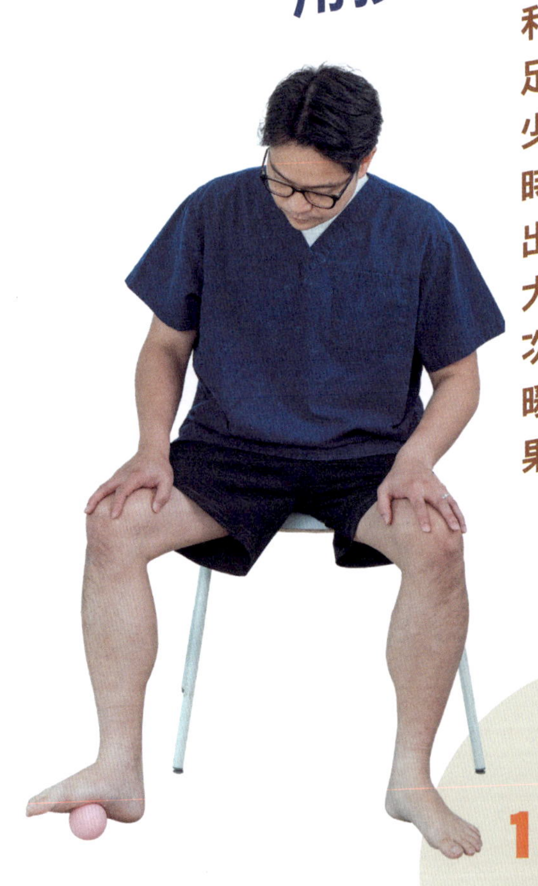

1.

坐着，將按摩球放在足底筋膜位置。

雙腳重複做三組，每晚睡前做。

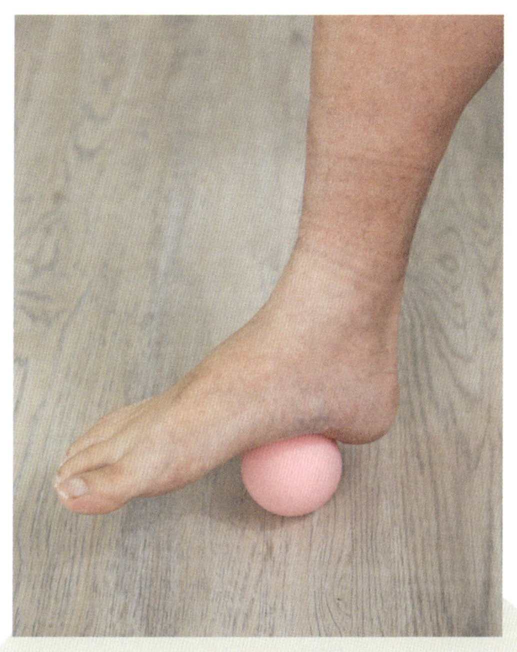

2.

足底踩着按摩球前後滾動，可以集中在足底內側的位置。這個位置通常會比較酸軟，可以滾動大約五分鐘，不需要太大力，然後轉換另一隻腳。

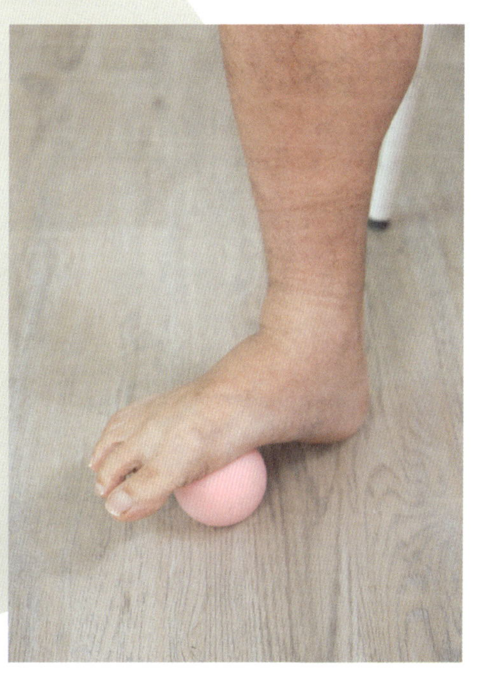

舒緩運動 2

針對足痛

腳趾夾毛巾

這是一個強化腳板底肌肉運動，針對改善扁平足問題。做的時候不要太大力，避免出現抽筋的情況。

1.

坐着，把毛巾平鋪在地上，把腳放在毛巾上。

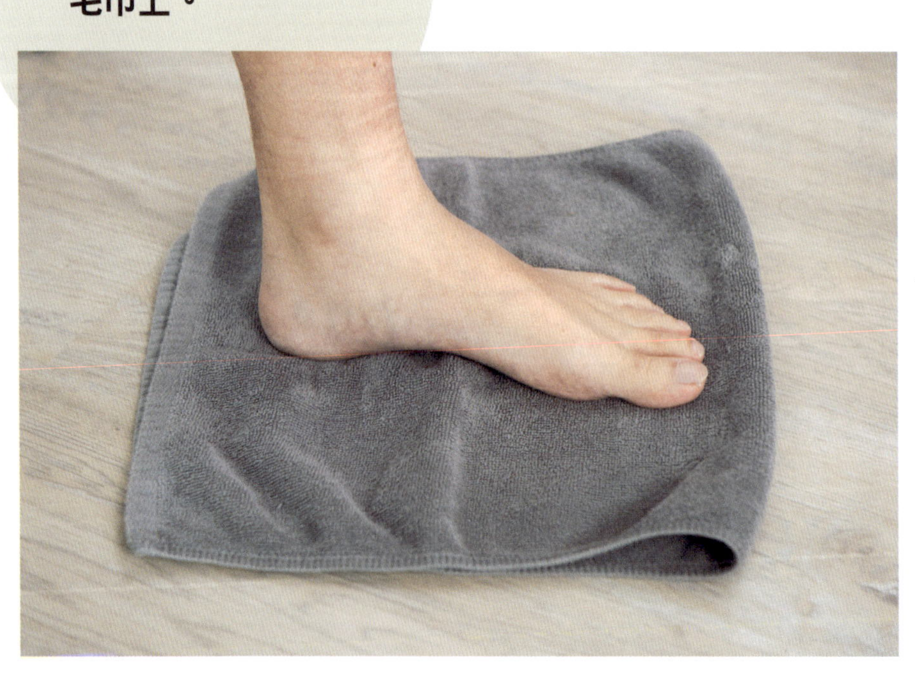

2.

用腳趾抓毛巾，放開做十下，然後放鬆，轉換另一隻腳。

雙腳重複做三組，每天可以做兩次

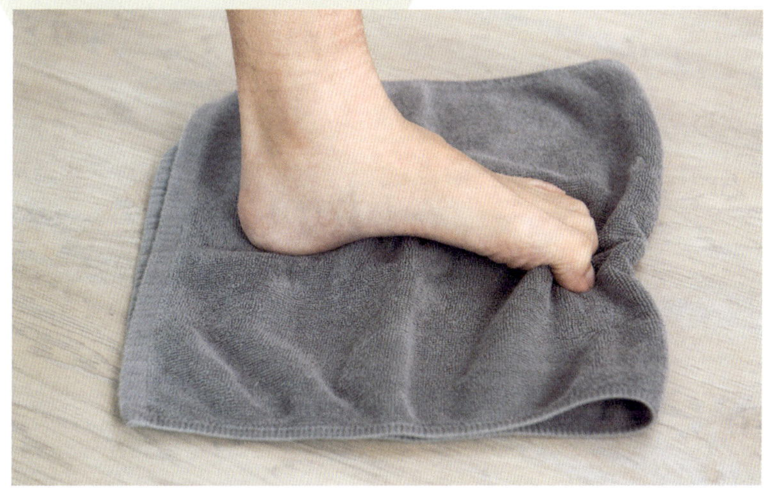

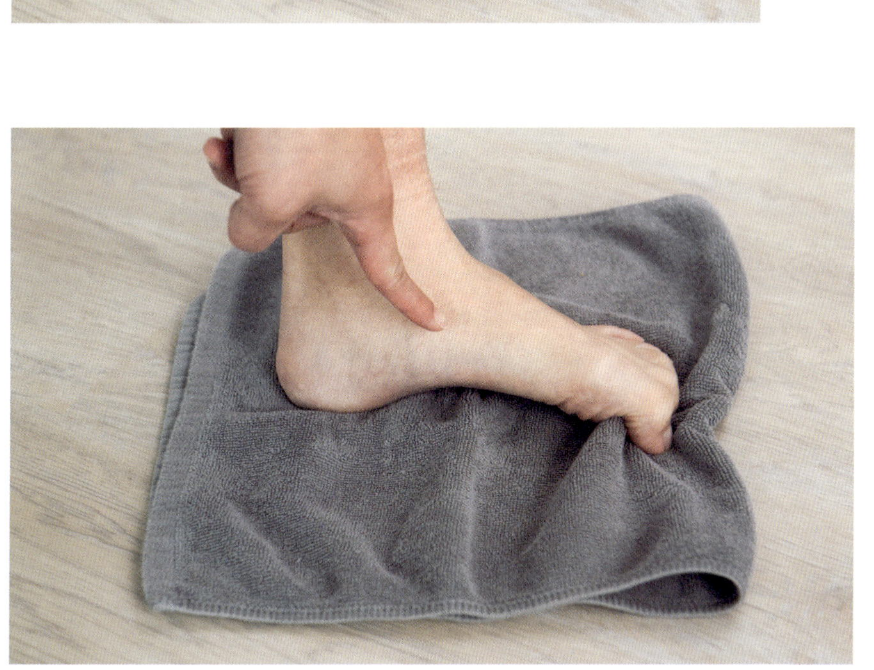

舒緩運動 3

針對足痛

用毛巾伸展小腿肌肉

這是一個伸展小腿及阿基里斯腱的運動，針對改善扁平足及腿部痛楚。對足底筋膜炎及腳板底痛，非常有效。

1.

坐在地上，然後像圖中把毛巾放好，把腳放在毛巾中間。

雙腳重複做三組，每天可以做兩次

2.

手握着毛巾的一端，然後把腳伸直。

3.

把毛巾拉向自己，身體盡量挺直，數十下，然後放鬆，轉換另一隻腳。

舒緩運動 4

針對足痛

腳眼夾按摩球提升小腿

這個運動是用來強化小腿及改善足弓，對患上了扁平足人士非常有效。

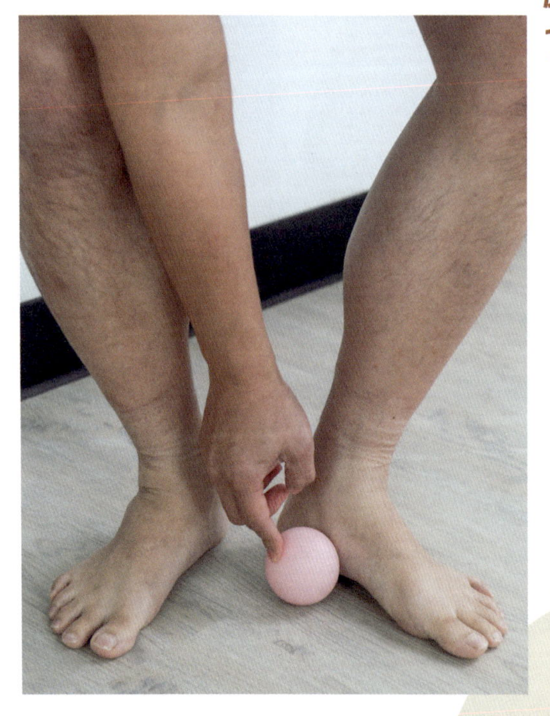

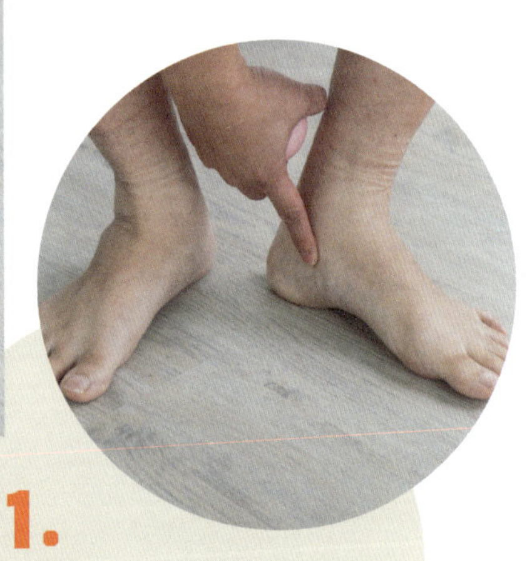

1.

站立，把按摩球放在腳眼的位置。

重複做三組，每天可以做兩次

2.

手要貼着牆或門框，腳尖着地，後踭提起，保持按摩球夾在雙腳腳眼之間。

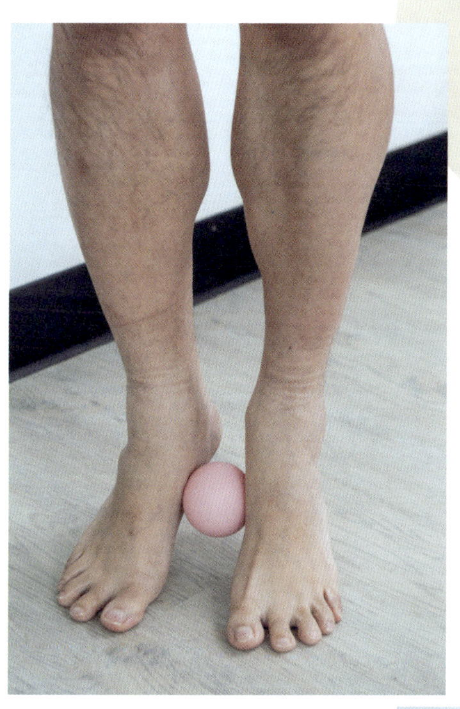

3.

腳踭放下。做十下，然後放鬆。

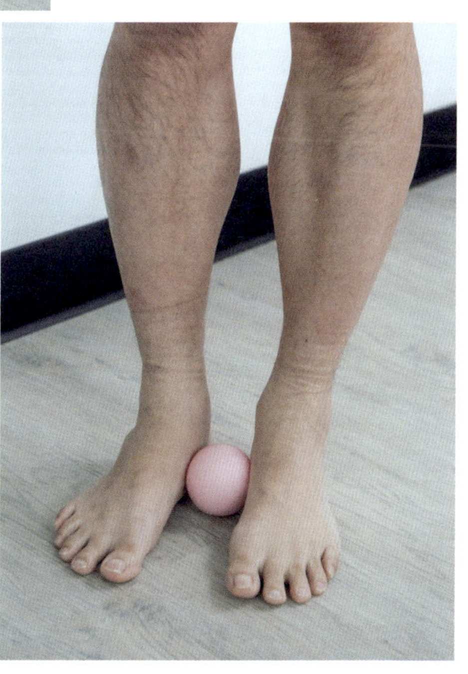

舒緩運動 5

針對足痛

坐着扭髁關節

這個運動是用來紓緩髁關節，輕輕的旋轉關節，可以放鬆繃緊的韌帶，對長期走路、站立及穿高踭鞋人士非常有幫助。

1.

坐着，把左腳屈曲提起放在右腳上，手握着左腳前掌。

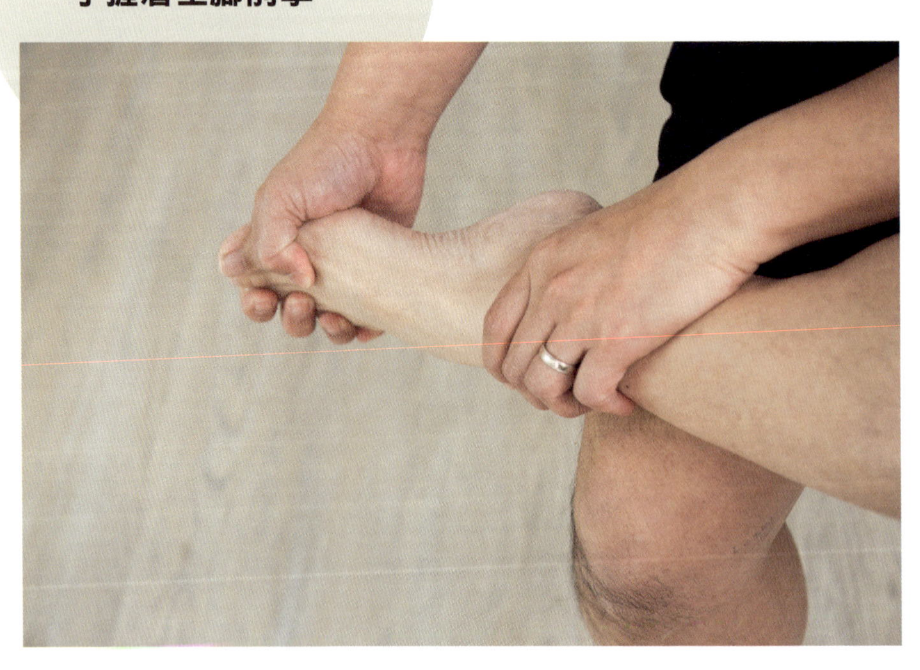